中公新書 2700

熊倉 潤著

新疆ウイグル自治区

中国共産党支配の70年

中央公論新社刊

まえがき

近年、新疆《しんきょう》ウイグル自治区が注目されることが多くなった。新疆に住む多数のウイグル人はじめ現地ムスリム（イスラーム教徒）が、「職業技能教育訓練センター」なる施設に収容されたことに、国際的な非難が集まったためである。しかし新疆という地域の現代史は、一般にはあまり知られていない。中国共産党はこれまで新疆をどのように統治してきたのか。そしてどのような過程を経て、現地のムスリムの収容を推し進めるようになったのか。

新疆は、中華人民共和国の西北部に位置し、国土の約六分の一もの広大な面積を占める。自治区の中央を東西に天山《てんざん》山脈が走り、北側にジューンガル盆地、南側にタリム盆地が存在する。タリム盆地の西にはパミール高原が、南側には崑崙《こんろん》山脈がそびえる。タリム盆地中央部には、タクラマカン砂漠があり、その外縁部には、緑豊かなオアシス都市が点在する。

こうしたオアシス都市で歴史的に豊かな文化を育んできたのが、ウイグル人である。ウイグル人は民族的にはテュルク系で、トルコ人などと同じ系統に属する。宗教的にはイスラームを信仰するムスリムであり、中東イスラーム世界と文化的に強い紐帯《ちゅうたい》で結ばれる。こうした民族的、宗教的特徴から、ウイグル人はウズベク人、カザフ人などと並んで、テュルク系ムスリムの一角に数えられる。

ウイグル人のほかにも、新疆には数多くの民族が共存してきた。ジューンガル盆地の広がる北部から東部にかけては、カザフ人、モンゴル人が多く暮らす。パミール高原のある西部には、クルグズ人、タジク人が住む。そのほかにウズベク人、タタール人の姿も見られよう。それぞれ現在のカザフスタン、モンゴル、キルギス（クルグズスタン）、タジキスタン、ウズベキスタン、ロシア連邦タタールスタンの主要民族にあたる。

それに対し、一九世紀以前に新疆に移住した漢人（漢民族、漢族）は、数の上ではさほど多くなかった。民族の構成から明らかなように、新疆は歴史的に、テュルク系ムスリムが多く住む「トルキスタン」の一部と見なされてきた。新疆が「東トルキスタン」と呼ばれる所以《ゆえん》である。一方、「新疆」という名称は、清《しん》朝の支配下で、「新疆」（新しい疆域・領域）と名づけられたことに由来する。清朝滅亡後も、新疆は、清朝の領域を継承した中華民国の一部とされた。数々の政治変動、それから「東トルキスタン共和国」の独立運動の失敗を経て、一九四九年、新疆は中国共産党・人民解放軍の支配下に入った。

新疆ウイグル自治区は、一九五五年に中華人民共和国の少数民族自治区として成立した。

少数民族とは、中国において漢人以外の民族を指す概念で、ウイグル人などその地域では人口の多数を占める民族もこれに含まれる。中国共産党がそれまで存在していた新疆省を廃止し、同自治区を設置した背景には、共産党が現地の少数民族の「解放者」を自任していたことが関係している。共産党は、国民党政権や外国勢力、搾取階級等から少数民族を「解放」し、自治を与えることで、少数民族の支持をとりつけ、統治を安定させようとしたのである。

そのため共産党は、自治の名のもとに、少数民族の党員、幹部を大規模に養成することに注力した。共産党の少数民族政策には、現地の優秀な若者を高等教育機関に進学させ、党員、幹部として養成するという仕組みがあり、今に至るまで連綿と続いている。政治的変動の荒波に揉まれて、少数民族幹部が犠牲になることもあったが、同時に別の少数民族幹部が抜擢《ばってき》されることで、バランスがとられた。少数民族社会のなかに既得権益者をつくりだすことで、一体として政府に反抗できないようにする狙いが透けて見えよう。その意味では、中国共産党は少数民族社会を分断して統治してきたのである。

しかし、必ずしも共産党の思惑どおりにいかなかった面もある。一九五〇年代前半には、中国共産党への帰順を拒む人々が広範な武装闘争を続けた。一九六〇年代初頭、大躍進運動が飢饉を引き起こすと、中国からソ連に逃れる人が続出した。そして何より、この数十年に新疆の内外で数え切れないほど多くの抗議行動と「暴動」事件が起きた。共産党が、そのプロパガンダのとおり、少数民族市民に歓迎され、感謝され、熱愛されているなら、これほど多くの事件は起きなかったであろう。

一方で共産党は、少数民族の不満は地域の経済発展により徐々に解消されると想定し、開発を推し進めた。しかし実際には、開発政策により、貧富の差が拡大し、矛盾が深まった面がある。二〇〇九年には広東省《カントン》の工場でウイグル人が殺傷された事件をきっかけに、ウルムチで抗議行動が発生、大規模な暴動に発展した。漢人によるウイグル人への報復も起こり、民族間関係は悪化の一途をたどった。二〇一三年には天安門《てんあんもん》自動車突入事件、翌年には昆明《こんめい》駅「テロ」事件など、ウイグル人の関与が取り沙汰される事件が全国的な広がりを見せた。

こうした事態を、習近平《しゅうきんぺい》指導部は重く見た。そして問題解決のためには、監視の強化、「反テロ」政策の徹底のほかに、抜本的な対策が必要視されるようになった。指導者の見立てでは、経済開発の恩恵にあずかれない少数民族の貧困こそが、問題の根源であり、貧しい少数民族が「過激主義」に靡《なび》かないようにすることが模索された。

かくして、悪名高い「職業技能教育訓練センター」に少数民族市民を大規模に収容する政策がとられた。中国ではこの施設は、あくまで職業訓練のための施設であると説明されており、貧困対策の面が強調されている。職業訓練という名のもとで、現地ムスリムを改造することによって、脱貧困と「テロ」根絶を一挙に実現しようとしたのである。

筆者のような外部観察者には、何より収容された当事者の心情に思いがいく。しかし、彼らの悲哀とは裏腹に、指導者は政策が完全に正しいことを強調し、「中華民族」としての共同体意識を少数民族の心の奥底に植えつけることを表明している。少数民族には、職業訓練を経て中華民族として生まれ変わり、中国各地の工場で労働力として「中国の夢」を支えることが求められている。

中国の指導者層には、こうした政策にストップをかけることのできる新疆出身の現地民族幹部はいないのだろうか。以前は、一九七〇年代に自治区の最高指導者の地位にあったセイフディン・エズィズィ（サイフジン、セイプディンとも）のように、毛沢東《もうたくとう》に意見を具申できるウイグル人幹部が存在した。しかし今日、そのような実力者はいない。現地民族幹部の昇進には、一種の「ガラスの天井」があるのが現状である。自治区の最高指導者にあたる党委員会書記（かつては第一書記）の地位には、セイフディンが解任されて以来、四〇年以上、連続して漢人が就任している。自治区を出て、中央で出世を遂げる新疆出身の幹部もほとんどいない。このことは、政策の決定、調整、評価の局面において、漢人の考えが優先されることにつながっている。

本書では、こうした新疆出身の現地民族幹部の地位低下と、内地から来た漢人幹部の強権化の過程に着目しながら、中国の新疆統治の歴史を描きたい。一九四九年の新疆「解放」以来、現在に至るまでの約七〇年間に、少数民族の「解放者」を自任していた中国共産党は、少数民族を収容し、改造する政治権力に変容を遂げた。「解放」から今に至る新疆の歩みを、本書ではひとつの通史としてとらえてみたい。

目次

図作成◎ケー・アイ・プランニング

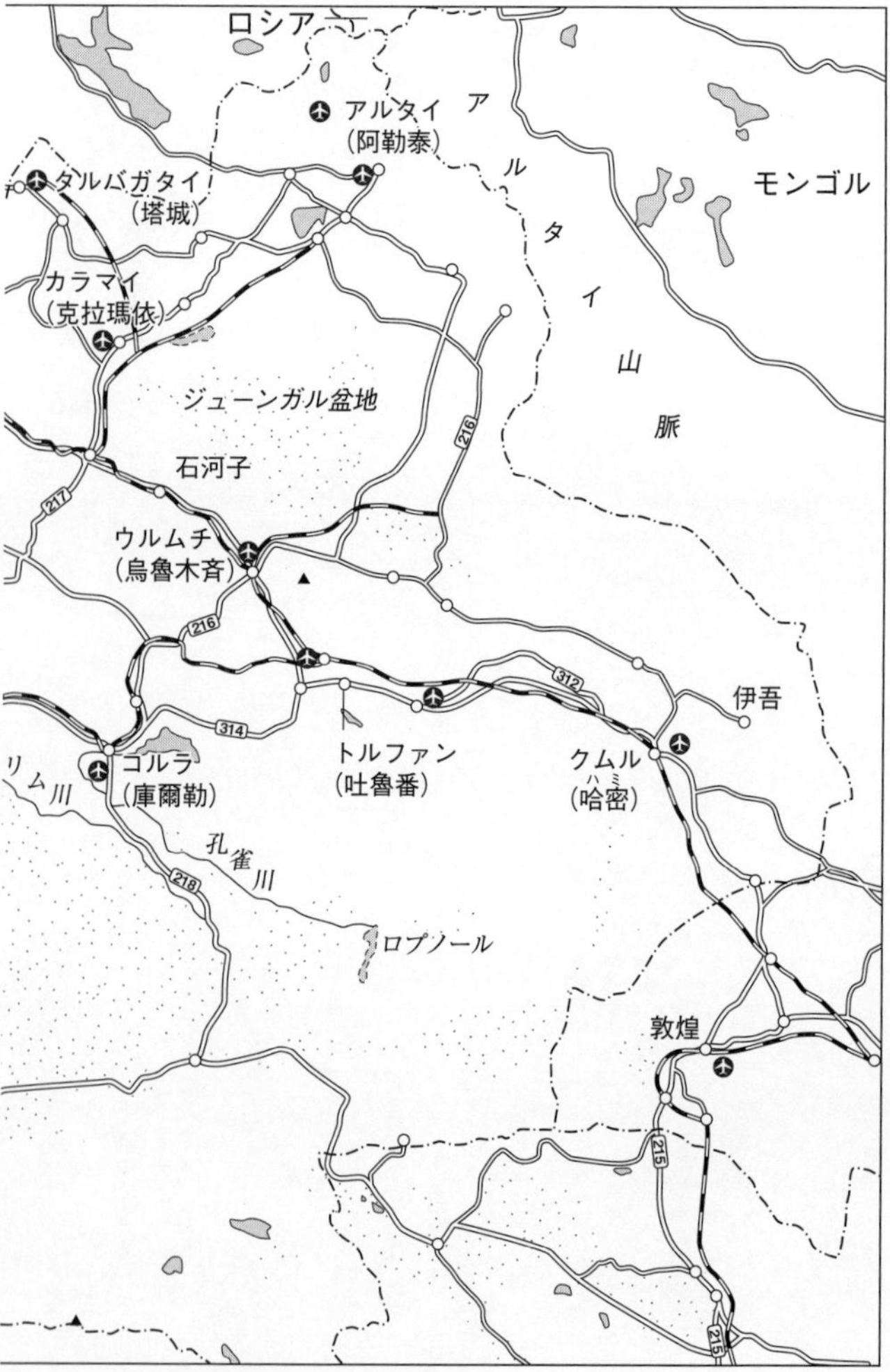

注：河川、鉄道、道路は主なものに限った

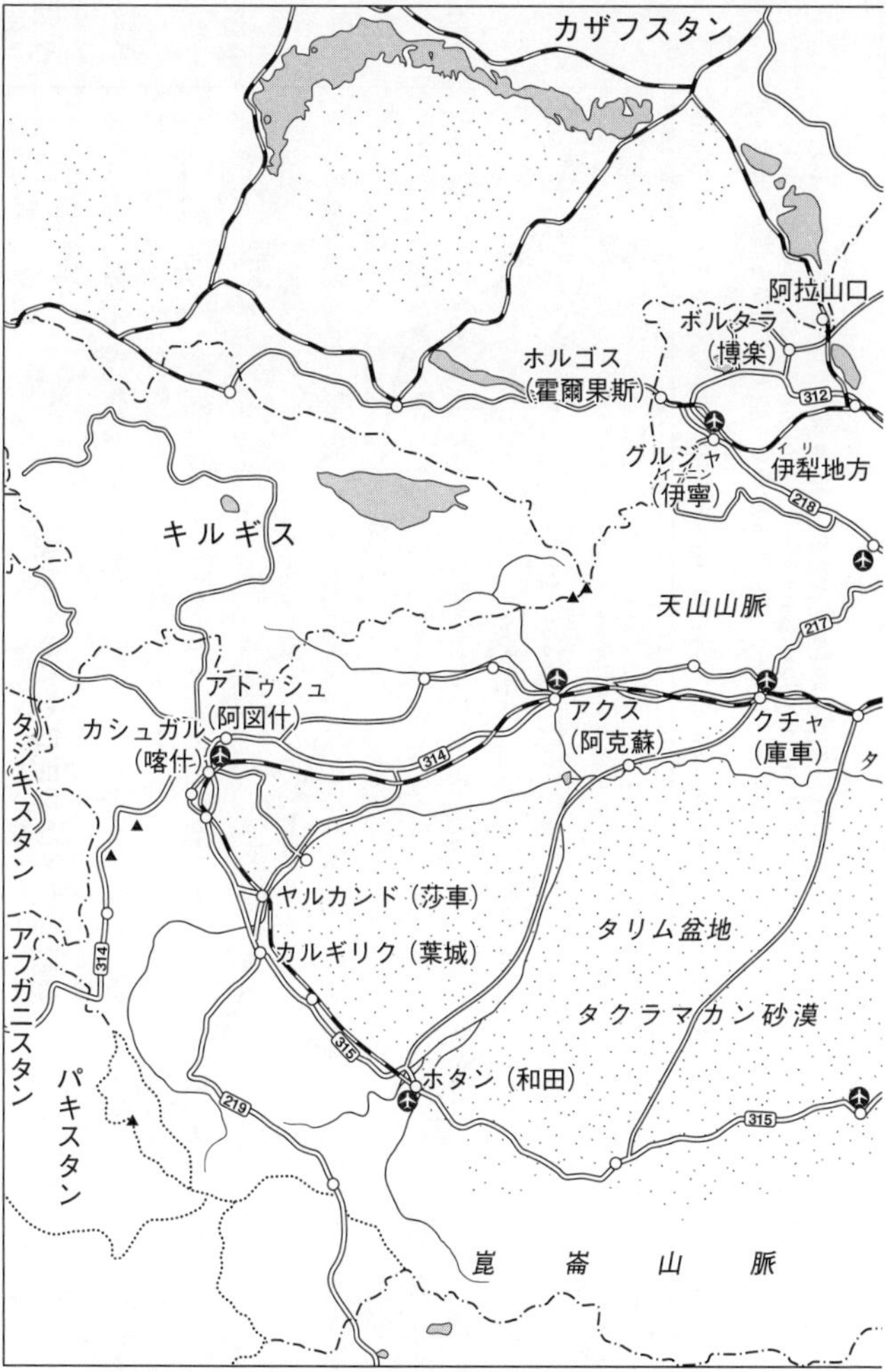

出典：『地球の歩き方 西安 敦煌 ウルムチ シルクロードと中国西北部』をもとに作成

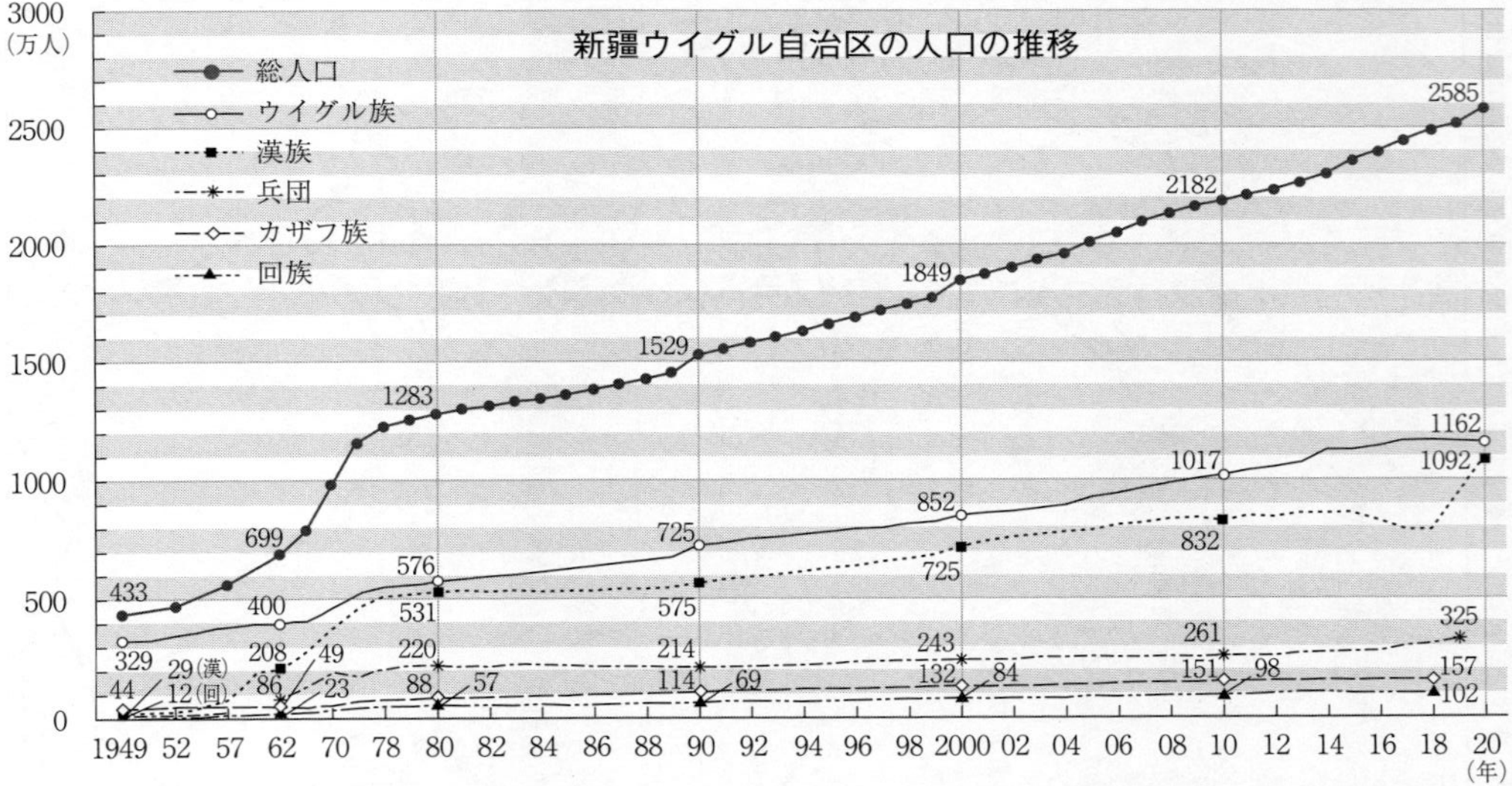

出所：『新疆統計年鑑』1990年版～2020年版。ただし1950、1955、1960年は満蘇爾・沙比提、熱合曼・玉素甫「建国以来新疆人口時空動態変化特徴及其成因分析」『人文地理』2007(6)、116による。2020年は新疆維吾爾自治区第七次全国人口普査主要数拠による。兵団は『新疆生産建設兵団統計年鑑』2003年版、2020年版による。

序章　新疆あるいは東トルキスタンの二千年

新疆に行くと感じること、それはウイグル人が、漢人とあまりに違うことである。ひと目で気づくのは、彫りの深い顔立ち、さまざまな色の瞳といった身体的特徴だろう。また彼らの言語はテュルク系、宗教はイスラームであり、いずれも漢人とは異なる。衣装や食文化などの面でも、中央アジア、西アジア、ロシアのイスラーム世界などと深い結びつきを有している。

食文化を例にとると、地元のレストランに入れば、ナンと呼ばれる窯《かま》焼きパン、羊肉の入ったポロ（プロフ）、麺《めん》料理のラグマンなどが食べられる。これらはまさに中央アジア一帯で食されるものである。店内の雰囲気も、所々で目につく漢字を除けば、中央アジアのようである。中国の領域にいるはずなのに、どこか異世界に来たかのように感じられる。

新疆はどうして中国の一部になったのか――そのような素朴な疑問が浮かぶ。序章では、中華人民共和国建国よりはるか昔に遡《さかのぼ》り、新疆という地域の成り立ちと中国の支配下に入った過程を概観したい。

1 新疆という地域の成り立ち

オアシス都市の形成

現在新疆と呼ばれる地域に、いつ頃どのようにして現生人類が住み着いたのか、確たることはわからない。しかし、今から少なくとも三千年以上前の紀元前二千年紀頃には、コーカソイド系（いわゆる白色人種）の人々が西方から到来したと考えられる。「楼蘭《ろうらん》の美女」として知られる、女性のミイラも、コーカソイド系の形質を持つことが知られている。

現在、ヨーロッパ、西アジア、北アフリカにまたがって住むコーカソイド系の人々は、現在の新疆一帯を含む中央アジアにも広がり、東方から拡大したらしいモンゴロイド系の人々と混血したと推定される。現在の新疆の人々に、漢人などのモンゴロイド系と異なる身体的特徴が見られるのは、コーカソイド系の形質を多く受け継いだからと考えられる。

こうした人種的状況を背景に、タリム盆地の外縁部に点在する緑豊かなオアシスでは、天山山脈、崑崙山脈から流れる雪解け水を用いた農業が発達し、都市が形成された。タリム盆地北縁の亀茲《きじ》（クチャ）、西部の疏勒《そろく》（カシュガル）、莎車《さしゃ》（ヤルカンド）、于闐《うてん》（ホタン）といったオアシス都市が、漢人の勢力が進出してくる前にすでに成立していた。これらのオアシス都市は、現在も存在する各都市の原型ないし前身となった。

漢と西域

この地に漢人の王朝が進出を始めたのは、紀元前二世紀、前漢《ぜんかん》の時代のことである。武帝《ぶてい》によって派遣された張騫《ちょうけん》と李広利《りこうり》のことを、高校の世界史で習った方も多いだろう。張騫はアム川流域にあった大月氏《だいげっし》という勢力と同盟を結ぶことには失敗したが、結果として多くの情報を漢にもたらした。李広利は大宛《だいえん》（フェルガナ）に遠征し、「汗血馬《かんけつば》」と呼ばれる馬を持ち帰ったことで、その名を歴史に残した。この二人はたしかに、漢が「西域《さいいき》」の地に勢力を及ぼす尖兵《せんぺい》の役割を果たした。

「西域」とは、敦煌《とんこう》（現在の甘粛省《かんしゅくしょう》）より西に広がる一帯を総称した言葉である。漢人の世界から見て西方に位置することから、漢人によってそう名づけられた。その由来どおり、西域は中華の西方すべてを包含する広い概念であり、西アジアや地中海も含まれる。しかし、西域のなかでまず想起される地域は、漢人の世界に最も近い、今でいう新疆一帯であった。

漢王朝にとって西域は、モンゴル高原を中心に勢力を築いていた匈奴《きょうど》との抗争の舞台であった。武帝が張騫と李広利を西域に派遣したのも、匈奴への対抗が念頭にあったからであり、匈奴もまた漢と西域の大月氏が手を結ぶことを警戒して張騫を抑留したのであった。漢は次第に西域に触手を伸ばし、西域都護と呼ばれる役職が任命され、この地の政治および東西貿易の支配に乗り出した。なお、二〇二一年に中国政府が出した「新疆各民族平等権利の保障」白書は、紀元前六〇年に西域都護府が設置されたときをもって、正式に新疆が中国の版図に組み入れられたとしている。

西域都護は前述の亀茲の東にあった烏塁《うるい》城を拠点に、要所に屯田《とんでん》や駐留軍を配置して、各オアシスを監督下に置いた。その支配の特徴は、基本的には現地の政権に印綬《いんじゅ》を授け、漢の朝廷と結びつけるというものであった。東西貿易の利益を得る上では合理的であったが、領域支配としては脆弱《ぜいじゃく》なものであり、前漢が衰退すると、たちまち匈奴が南下し、諸オアシスも離反した。

後漢になってから、班超《はんちょう》が匈奴を破り、タリム盆地全域を制圧した。こうして漢は再びこの地に勢力を及ぼしたが、その支配は長く続かず、後漢が衰退すると、西域は再び草原の勢力の下に帰した。その後、中国史でいうところの五胡十六国から南北朝の時期に入ると、甘粛の前涼《ぜんりょう》が一時トルファン盆地を支配した。そこでは漢文化の移入が見られ、その後も高昌《こうしょう》に漢人の政権が続いた。しかしこの高昌国の背後には、匈奴に代わって勢力を伸ばした柔然《じゅうぜん》、高車《こうしゃ》、そして突厥《とっけつ》といった草原の勢力があり、度重なる介入を受けたのである。

唐と西域

その後、七世紀になって唐《とう》が西域に進出し、高昌に安西《あんざい》都護府を設置した。唐は漢と同様に、西域に駐留軍を置いて東西交易を支配しようとした。唐の支配下でも各オアシスの政権は一般に温存され、現地の王らは羈縻《きび》政策に服し、唐への朝貢を義務づけられた。漢の西域経営が匈奴との抗争のなかに位置づけられていたように、唐の西域経営も、西突厥などの北方の遊牧勢力および南方のチベット（吐蕃《とばん》）との絶え間ない抗争に翻弄《ほんろう》される運命にあった。唐の安西都護府は、西突厥とチベットの進出に応じて、亀茲、高昌のあいだで移転を繰り返した。唐はまた天山山脈の北麓《ほくろく》にも進出し、庭州《ていしゅう》（のちに北庭《ほくてい》都護府）を置いて、西突厥に対抗したが、その後も熾烈《しれつ》な争奪戦が繰り広げられた。

唐代の西域は、仏教をはじめとするインド系文化圏とゾロアスター教に代表されるイラン文化圏、そしてソグド人による通商文化圏の広がりのなかにあった。唐の勢力下で、中国仏教の逆輸入の現象、漢字文化の流入、中華式の行政の導入などが一部に見られたが、こうした中華文化が定着する前に唐は没落した。安史《あんし》の乱で唐の都長安《ちょうあん》を陥れた吐蕃が、西域の地をも席巻するようになり、この頃北方の草原世界に登場したウイグルと覇を競った。

ウイグルの西遷とテュルク化の進行

吐蕃が対立したウイグルとは、突厥と同じくモンゴル高原にあったテュルク系の勢力で、突厥を滅ぼして、七四四年に可汗国《かがんこく》を樹立した。これを東ウイグル可汗国と呼ぶ。高校の世界史でも、ウイグルが安史の乱に介入したこと、ソグド人の往来も盛んでマニ教が流行したことが教えられているが、そこでいうウイグルはこの東ウイグル可汗国のことであり、唐の衰退期に勢力を拡大し、西域で吐蕃と対立したのである。

この東ウイグル可汗国が八四〇年にその北方にあったキルギスの攻撃を受けて瓦解すると、その遺民は四散し、一部が天山山脈の北麓に逃れた。これをウイグルの西遷という。そしてウイグルは、かつて北庭都護府が置かれたビシュバリクのあたりを拠点に、勢力を拡大した。こうして形成されたウイグルの後継国家は、天山ウイグル王国あるいは西ウイグル王国と呼ばれる。

天山ウイグル王国は、最盛期にはタリム盆地一帯に勢力を及ぼし、現在の新疆の領域にほぼ重なるあたりを治めた。その支配下では、テュルク系の人々がオアシスに直接住み着くという、これまでにない現象が見られた。従来の遊牧勢力は、オアシスを支配しても、農耕民の世界に定着することはなかった。それに対し、天山ウイグル王国の人々は遊牧世界に戻らずに定住した。この定住化により、元来の遊牧文化とオアシスの農耕文化の融合が進むとともに、タリム盆地の住民のテュルク化という、現在の新疆の民族的特徴を決定づけた変化が起こった。

このテュルク化という現象は、程度、速度の差こそあれ、現在の新疆だけでなく、カザフスタン、ウズベキスタンなど旧ソ連中央アジア五カ国を含む一帯で進行した。その結果、これらの地域はいつしかテュルク人の地を意味するトルキスタンと呼ばれるようになった。今でも旧ソ連中央アジア五カ国が西トルキスタン、中国領の新疆が東トルキスタンといわれることがあるのは、こうした経緯による。

天山ウイグル王国は、宗教的にも土着の仏教への帰依を進め、みずからのテュルク語すなわちウイグル語への仏典の翻訳を奨励した。王国の民は高い識字力を誇り、仏教文化が隆盛を見ただけでなく、経済活動も発展した。ウイグル商人は、アラブの侵入以降、かつての活力を失ったソグド人に代わって、東西交易路を支配した。後年、モンゴル帝国においてウイグル人が相次いで登用され、王族にウイグル文字が教えられた背景にも、彼らの文化的、経済的水準の高さがあった。

天山ウイグル王国は、対外的には東ウイグル可汗国崩壊後にモンゴル高原に覇を唱えた契《きっ》丹《たん》、それから唐滅亡後の混乱を収めた宋《そう》の動向をうかがいながら貿易活動に励んだ。一二世紀にはカラキタイの間接支配を受けるようになり、一三世紀にはチンギス・ハーンに帰順して、その命脈を保った。有力者のなかには、いわゆる色目人《しきもくじん》として中華内地で元《げん》朝の統治を支える者も少なくなかった。王国はモンゴル帝国内部の内紛に巻き込まれ衰亡したが、ウイグル農民はその後も混血を繰り返しながらトルファン盆地、タリム盆地一帯に住み続けた。

東トルキスタンのイスラーム化

天山ウイグル王国の下では、すでに述べたように仏教文化が花開いていた。これに対し、現在のウイグル人はじめ東トルキスタンの諸民族は、主としてイスラームを信仰している。東トルキスタンはどのようにしてイスラーム化したのだろうか。

まず、一〇世紀にカシュガルを首都のひとつとしていたテュルク系のカラハン朝が、イスラームを受容したことが契機となった。伝説では九六〇年にテュルク人がいっせいに改宗したといわれており、カラハン朝の勢力はこの頃にイスラーム化したと考えられる。カラハン朝は西から天山ウイグル王国を脅かし、ホタン、クチャなどタリム盆地の各都市を支配下に置いたことで、同地のイスラーム化が進行した。

しかし天山ウイグル王国の仏教勢力は、その後も東トルキスタン東部に残った。一三世紀に現れたモンゴル帝国は諸宗教に対し一視同仁的立場をとったため、東トルキスタン東部ではイスラームと仏教が長く共存する状況が続いた。とはいえ、モンゴル帝国の分裂が進むと、中央アジア以西に所領を持ったモンゴル王族はイスラームを受容するようになる。天山北麓で遊牧民の伝統を維持したモグール（「モンゴル」のペルシア語転化）も、一四世紀にはイスラームへの改宗を選んだ。その後、一五一三年にモグールの勢力がクムル（哈密《ハミ》）から仏教徒を駆逐《くちく》するに至って、東トルキスタンのイスラーム化が完了したとされる。

モグールのイスラーム化には、スーフィズム（イスラーム神秘主義）の担い手であるスーフィーが大きな役割を果たした。あるスーフィーは、戦士を一指も触れずに投げ飛ばすという奇跡を演じて、一日で一六万人を改宗させたと伝わる。当時モグールの人々が理解し、受容したイスラームには、スーフィズムの要素が多分に含まれていたことがわかる。

改宗後の歴代ハーンも、スーフィー教団の指導者に深く帰依した。とくにナクシュバンディー教団の高名な指導者で、マフドゥーミ・アーザム（偉大なる導師）として知られるホージャ・アフマド・カーサーニーの子孫が、サマルカンド（現ウズベキスタン）からカシュガル方面に進出すると、これと結びつきを強めた。宗教指導者たちはホージャと呼ばれ、やがてハーンに拮抗する権力を持つようになり、ハーン位に就く者も現れた。

ホージャたちはアーファーキーヤとイスハーキーヤという二つの党派に分かれて激しい抗争を繰り広げたが、一六八〇年にジューンガルがタリム盆地一帯を征服すると、アーファーキーヤの名祖ホージャ・アーファークが多額の貢納と引き換えに事実上の支配者に擁立された。アーファークの墓廟は今もカシュガルに残り、聖地として崇められている。

2　清と新疆

ジューンガルと清

九世紀以降、テュルク化を遂げ、そして一六世紀までにイスラーム化を終えた東トルキスタンが、中国の一部とされるにはどのような歴史的経緯があったのだろうか。

前述のモグール人の勢力は、一六世紀、トルファン盆地を拠点に、東方の明《みん》と対立した。一時はジハード（聖戦）を主張して甘粛に侵入するなどしたが、内部の反目によって徐々に衰亡した。代わって天山北麓の草原地帯に勢力を伸ばしたのが、仏教を信仰するオイラトであった。一七世紀になると、このオイラトのなかからジューンガルという部族が台頭し、東西トルキスタンに跨《またが》る大遊牧帝国を築いた。天山北麓の大盆地が、今でもジューンガル盆地ないしジュンガリアと呼ばれているのは、これに由来する。

このジューンガルと、一七世紀に明を滅ぼした清は、ともに仏教を奉じ、チベット、モンゴルをめぐって争いを繰り広げた。両者の戦いは、途中、講和を結んだ時期を跨いで、七〇年以上に及んだが、一八世紀中葉にジューンガルが内紛にみまわれると、清の乾隆帝《けんりゅうてい》はこの機に乗じて遠征をおこない、ついに永年の宿敵に勝利した。その後、清軍に服属していたオイラトの将軍らが反旗を翻したため、清軍はこれを平定する過程で大規模な掃討作戦をおこなった。天然痘《てんねんとう》の流行もあり、天山北麓の遊牧社会は壊滅状態に陥った。これ以降、強大な遊牧国家が新たに出現することはなくなり、この地で歴史的に繰り返されてきた草原勢力とオアシス都市の関係にも終止符が打たれることとなった。

清はジューンガルによって幽閉されていたホージャらを解放し、ジューンガル滅亡後のタリム盆地の管理を委ねた。しかし彼らもやがて反抗に転じたため、一七五八年、清軍はタリム盆地に大挙進攻し、翌年にはタリム盆地全域を掌握した。こうして東トルキスタンは清の版図に組み込まれたのである。

清の新疆統治

清は、イリ河畔の恵遠《けいえん》城を拠点に新疆一円を支配した。その最高指導者は伊犁《イリ》将軍であり、満洲人、モンゴル人が任命された。その下には満洲人と同じツングース系の諸集団が、はるか満洲の地から移住させられた。そのうちシボ人と呼ばれる集団の子孫は、現在もシベ族あるいはシボ族（錫伯族）と呼ばれ、イリ河畔に集住している。

清の新疆統治は、三種の制度に分けておこなわれた。第一に、甘粛に近く、すでに漢人が入植を始めていた一帯は東路と呼ばれ、内地と同じく州県を置き、陝甘《せんかん》総督に管轄させた。第二に、クムル（哈密）、トルファンの支配者、遊牧勢力の長などには、清がモンゴル貴族に対してとっていたジャサク制を適用した。従来からの有力者に爵位《しゃくい》を授与し、彼らをつうじて支配を及ぼしたのである。そのなかには、一七七一年にヴォルガ川流域（現ロシア）から、はるばる新疆に帰還したトルグートなども含まれていた。

第三に、南路と呼ばれたタリム盆地一帯には、ベグ官人制度を敷いた。この制度は、民政には清朝の駐屯軍を直接関与させず、現地の有力者、とりわけ征服の際に清軍に協力した人とその子孫に委ねるものであった。各オアシスの最高位はハーキム・ベグと呼ばれ、駐屯軍の司令に服属した。新疆では内地と異なり、一般人が辮髪《べんぱつ》にすることは禁止されていたが、ハーキム・ベグは特権として認められた辮髪を結っていた。一方、彼らはみずからの小宮廷を営み、モスクや聖者廟《びょう》の修復、マドラサ（学校）の建設、その維持のためのワクフ（寄進財産）の設定などをおこなうことができた。彼らのもとでは、中央アジアで伝統的に使われてきたテュルク語文章語であるチャガタイ語が引き続き用いられ、清朝の統治下にありながら独自の文化が花開いた。

このように清の新疆統治には、現地有力者を活用した間接統治の色合いが強かった。一方、新疆駐屯軍はおよそ二万六千人であったといわれ、これを現地の徴税のみで維持することは不可能であり、駐屯経費は内地各省から送られる資金によって賄《まかな》われた。この時期の新疆はこれまでになかった安定と人口増加を見たが、その背景には内地経済による下支えがあった。

ムスリムの反乱

しかしこのような清朝統治下の新疆の安定は長く続かなかった。乾隆帝の新疆征服後、コーカンド・ハーン国（現ウズベキスタン東部）に難を逃れたホージャの一族が、一八二六年にカシュガルを一時占領した。この動きは間もなく鎮圧されたが、その後も清朝に対し有利な交易条件を求めたコーカンド・ハーン国は、ホージャらをカシュガルに侵入させ、清朝を翻弄した。

アヘン戦争を過ぎると、清朝の新疆統治を支えてきた内地からの資金供給が途絶えるようになり、駐屯軍は課税を強化したため、これに対する蜂起《ほうき》が散発するようになった。そのような折、陝西《せんせい》省で太平天国軍に備えるために動員された回民（漢語を話すムスリム）と漢人が衝突した事件をきっかけに、世にいう西北ムスリム大反乱が起こった。一八六四年には新疆全土に反乱が拡大し、回民だけでなくウイグル人も各地で反乱を起こした。各地のスーフィーらがジハードを鼓吹するなか、清朝の新疆駐屯軍は壊滅した。

新疆一帯が混乱に陥るなか、コーカンドの軍人ヤクブ・ベグが反乱軍の要請を受けて新疆に到来、カシュガルで政権を確立した。同じ頃、コーカンド・ハーン国内部で政争が起こり、それに敗れた勢力が新疆に逃れ、ヤクブ・ベグ政権に加わった。政権は勢力を拡大させ、一八七〇年には天山以南のほぼ全域を支配下に置くようになった。対外的にはオスマン帝国と連絡し、帝国の宗主権を認め、軍事援助を受けた。当時、西トルキスタンを征服したロシアと、インド統治を確立しつつあったイギリスは、ヤクブ・ベグ政権と通商条約を締結し、これを影響下に置こうと試みた。

清による再征服

清政府内部では当時、内陸部の平定と沿岸部の防衛強化の優先順位をめぐって論争があったが、一八七五年、内陸部の平定を主張していた左宗棠《さそうとう》が欽差《きんさ》大臣に任命され、清軍は新疆再征服に乗り出した。ヤクブ・ベグの軍は清軍に撃破され、一八七七年、ヤクブ・ベグは急死した。政権はあっけなく瓦解し、残された指導層はコーカンド方面に逃れたといわれる。

陝西省での蜂起以来、清軍と戦い続け、新疆に逃れてきていた回民部隊もロシア領に逃亡した。この回民の末裔《まつえい》は今も中央アジア各地に暮らし、一般にドゥンガン人と呼称される。

ところで左宗棠の遠征に先立ち、ロシア軍がイリ地方を占領していたが、一八八一年、イリ条約の締結によって同地は清に返還された。もとの清統治下で農業労働に従事させられていたウイグル人は、タランチ人と呼ばれていたが、その一部は清の復帰を嫌ってロシア領に移住した。彼らの子孫は現在も中央アジア各地に暮らしている。

一方、イリ条約によって免税特権を与えられたタタール人はじめロシア籍の人々が、新疆に盛んに現れるようになった。彼らはロシアやオスマン帝国のムスリムの近代的、民族主義的な思想をもたらし、それに触発された新疆の人々が留学生をイスタンブルはじめ各地へ送り出すなど、国境を越えた交流が拡大した。

一八八四年、新疆では省制が施行され、新疆省が設置された。統治は満洲人ではなく、漢人官僚に委ねられるようになった。イリ将軍は名目的な存在となり、迪化《てきか》（現ウルムチ）に駐在する新疆巡撫《じゅんぶ》が最高権力者となった。ベグ官人制は廃止され、従来と異なる直接統治がおこなわれるようになった。こうした変化にともない、漢語の学習を強制するなどの同化政策がとられたが、これは逆に住民のあいだに民族主義的覚醒を促す契機となった。

ここまで見てきたように、新疆が清に征服されたことは、新疆が中国の一部と化していく過程のなかで決定的な意味を持った。この地に近代国際法秩序が及んだ一九世紀に、清が支配者であったことで、清およびその後の中国国家が新疆に対する主権を国際的に主張する根拠が生まれたからである。しかし、近代中華世界が向き合うことになった新疆は、もはや漢人の古典に登場する西域ではなかった。テュルク化、イスラーム化を経て、西方世界、とりわけロシア、オスマン帝国に靡く新疆を、中華世界は抱え込むことになったのである。

3　中華民国と新疆

辛亥革命とロシア革命の波及

一九一一年、辛亥《しんがい》革命が起こると、内地では新たに中華民国が成立し、新疆もその一部に含められることになった。同じく清の一部であったモンゴル、チベットでは、清の滅亡、そして漢人中心の新国家の出現に人々が敏感に反応し、それぞれロシア、イギリスを後ろ盾に独立を模索したことが知られる。

新疆でも、辛亥革命を機にイリ、クムル（哈密）で蜂起が起こるなど変化の兆しが見られたが、そうした動きはウルムチの漢人勢力によって短期間で平定された。その顚末《てんまつ》は、日本語にも翻訳されたアブドゥレヒム・オトキュルの歴史小説『足跡（Iz）』（邦題は『英雄たちの涙』に詳しい。クムルの蜂起で民衆を率い、漢人勢力やそれと結託する封建領主に勇敢に立ち向かったティムル・ヘリペ（ハリーファ）は、死後伝説的な存在となり、その後の東トルキスタン独立運動に多大な影響を与えた。

結果的に、新疆における辛亥革命は、漢人の支配者の交代にとどまった。迪化の知事であった楊増新《ようぞうしん》が、現地ムスリムの反乱を抑え、また巧みに競争者を排除し前体制を継承したのである。楊増新の新疆統治の特徴は、清代の統治を大きく変えなかった点、また新疆を外部の影響から切り離し、いわば「独立王国」とした点に求められる。これらの政策が功を奏し、楊増新は一九二八年に暗殺されるまで体制を維持し続けた。

一方、新疆の隣国ロシアは一九一七年以降、巨大な政治変動に見舞われた。ロシア革命とその後の内戦、干渉戦争である。一九二二年に成立したソ連は、民族ごとに共和国を持ち、それらが集まってソ連をかたちづくるという連邦制をとった。新疆と国境を接する西トルキスタンでも、ソ連の枠組みのなかで、一九二四年以降、ウズベク、トルクメン、タジク、カザフ、キルギスの五共和国が形成された。現在の中央アジア五カ国の原型である。

ソヴィエト政権はまた、独自の共和国を持たない小規模な集団も民族と認定し、民族名を付与した。そのなかには、新疆からロシア領トルキスタンに移り住んだ人々を指す「ウイグル」の名称もあった。ソ連でつくられた民族の概念は、その後新疆に伝わり、後に新疆省政府によって公式に採用されることとなった。これにより、元来、民族の概念が希薄であった新疆のムスリムのあいだに、ウイグル、カザフといった民族名が広まるようになった。

短命に終わった東トルキスタン・イスラーム共和国

一九二八年、楊増新が殺害されると、新疆は混乱に陥った。新たに省政府主席となった金樹仁《きんじゅじん》は、楊に比べムスリム住民に対し無理解で、住民の慣習に干渉し、反感を買った。極めつけは従来存続を許されていたクムル（哈密）の王家を廃止しようとしたことである。時あたかも、クムル北方の村落において、現地の少女を無理やりめとろうとした漢人の将校とその部下が殺害される事件が発生した。この事件を機に、ムスリム住民が蜂起し、やがて反乱は新疆全域に拡大した。

そうしたなか、カシュガルで反乱勢力の統合が進み、新国家の成立が宣言された。一九三三年秋、東トルキスタン・イスラーム共和国の誕生である。東トルキスタンという領域を想定し、そこにテュルク系ムスリムによる近代的な国家を打ち立てる、初の試みであった。共和国の成立とともに発布された憲法には、この国家がイスラームを基礎とすること、国民会議を招集し、選挙で総統を選出することなどが盛り込まれた。共和制がとられた背景には、トルコ、ロシアのムスリムの民族主義的、近代的な改革思想の影響があったと考えられる。

しかし共和国は、国際的認知を得られないまま、一九三四年春に甘粛の回民軍閥、馬仲《ばちゅう》英《えい》の勢力の攻撃を受けて壊滅した。新国家樹立の宣言からわずか数ヵ月のことであった。馬仲英も省政府軍に追われてソ連に逃れ、行方不明となった。

盛世才統治下の新疆とソ連

一連の混乱を収拾したのが、日本留学の経験もある満洲出身の軍人、盛世才《せいせいさい》である。盛世才は一九三三年四月に当時の省政府主席金樹仁が政変で政権の座を追われると、軍事力を背景に実権を掌握した。前述の馬仲英の勢力に攻められると、盛世才はソ連軍の介入を要請、一九三四年一月、ソ連軍は新疆に進軍し、馬仲英軍を敗走させた。その後馬仲英は転進して前述の東トルキスタン・イスラーム共和国を壊滅させることになるが、盛世才は馬仲英の勢力を一掃し、新疆全域を手中に収めた。

盛世才は、はじめ民族の平等、信教の自由などを掲げ、ソ連の影響下で改革を進めた。ソ連から入ってきた「ウイグル」の民族概念が公式に採用されたのもこの頃のことである。盛世才はテュルク系ムスリムを政権に取り入れるなどした。しかしやがて独裁を強化し、多数のムスリムを処刑した。このように盛世才政権の民族政策が懐柔から鎮圧に軸足を移したことで、一九四〇年以降、アルタイ地区ではカザフ人による蜂起が相次ぐようになった。

盛世才

　盛世才はソ連共産党への入党を申請し承認されるなど、ソ連と友好関係にあった。ソ連の後ろ盾を得た盛は、蔣介石《しょうかいせき》政権から距離を置き、新疆はさながらソ連の衛星国の観を呈した。新疆のこうした特殊な位置を利用し、中国共産党も勢力を及ぼした。一方、蔣介石政権もまた、ソ連と連絡するうえで、新疆を活用した。新疆は抗日戦争に突入した中国にとって、後方の要衝となったのである。ソ連領中央アジアから新疆経由で中国内地に至る道路が建設され、航空路線も開設された。

　しかし一九四一年以降、ソ連が対独戦で苦境に立たされると、盛世才はソ連に見切りをつけ、今度は蔣介石政権に接近した。これにより、新疆に駐留していたソ連人顧問とソ連軍は本国に送り返され、新疆を跨ぐ前述の航空路線も途絶えた。盛世才政権はまた、新疆で活動していた中国共産党員の多くを逮捕、殺害した。毛沢東の弟、毛沢民《もうたくみん》もこのとき犠牲となったことが知られている。

　その後ソ連の勝利が確実になると、盛は再びソ連への接近を試みたが、ソ連に拒否された。一九四四年九月、盛は失脚し、蔣介石政権により身柄を重慶に移され、新疆には蔣介石政権の影響が及ぶようになった。こうして新疆はソ連の勢力圏としての性格を失い、中国国家に回収されたかのように見えたが、そう簡単にはいかなかった。

東トルキスタン共和国の興亡

盛世才が蔣介石に接近すると、ソ連はかねてから漢人に反感を持っていた新疆北部のムスリムを援助し、これを利用する方向に転じた。一九四四年夏以降、ソ連と国境を接するアルタイ、タルバガダイ、イリの三地区において、ソ連の支援のもと、現地のテュルク系民族が相次いで蜂起した。

アルタイ地区では、カザフ人の武装勢力が結集して、アルタイ民族革命臨時政府が樹立された。イリ地区では、ソ連軍を後ろ盾に民族解放組織が形成され、親ソ的な知識人、ウラマー、ムスリム社会の上層部が、中国の支配を排除するという共通の目標のもとに連合した。一一月、同地区の中心都市グルジャ（伊寧《イーニン》）において東トルキスタン共和国の建国が宣言され、翌年までに三地区の武装勢力が共和国のもとに統合された。現代の中国では、分離主義を思わせる共和国の名称を用いることは避けられ、一般に、アルタイ、タルバガダイ、イリの三地区で起こった革命という意味で「三区革命」と呼ばれている。

東トルキスタン共和国は漢人による新疆支配の転覆を図り、民族軍を編制し、迪化に向けて進撃した。ところが民族軍は、一九四五年九月、ソ連側の意向により、進軍を停止した。

それはソ連が蔣介石政権とのあいだで、モンゴルの独立、中国東北部における権益などと引き換えに、共和国を支援しないことを約束したからであった。その後、ソ連の調停により共和国と省政府のあいだで和平交渉がおこなわれたが、和平交渉をめぐって共和国政府内部で激しい対立が起こった。一九四六年六月、ソ連は共和国主席を拉致し、共和国はソ連の圧力を受けて解散を決議した。

こうして共和国は、ソ連の国益の犠牲となったが、これで終わりにはならなかった。共和国の解散を受けて、新疆省連合政府が発足し、旧共和国の実力者らも加わったが、翌四七年、新疆省連合政府は事実上崩壊し、旧共和国側はイリに退去した。国民党政府は新疆省政府主席に現地民族出身者をつけるなどしたが、旧共和国側を懐柔するには至らず、旧共和国側はイリの実効支配を継続することとなる。

東トルキスタン共和国の幹部4人、左端がセイフディン

一九四九年に入り、国共内戦で優勢に転じていた中国共産党は、イリの旧共和国側と交渉

を開始した。八月、毛沢東は旧共和国首脳に書簡を送り、北京《ペキン》で開催される政治協商会議に招待した。旧共和国側はこれに応じたが、指導者たちを乗せた飛行機は、北京に向から途中で遭難し、彼ら全員が犠牲となった。ソ連領内で墜落したと発表されたが、真相は明らかでない。

こうして旧共和国の首脳らは、突如物理的に消滅した。このとき同行せず、イリにいて難を逃れた旧共和国幹部のセイフディンが、急遽《きゅうきょ》北京に赴き、毛沢東に面会し、中国共産党の指導に服することを表明した。九月下旬には、省政府主席ブルハンと国民党軍司令陶峙岳《とうじがく》らも共産党側につくことを声明した。その後、王震《おうしん》率いる人民解放軍が進駐し、新疆における中国共産党の統治が幕を開けることとなった。

第1章　中国共産党による統治の始まり　1949〜1955年

1　「解放」の名目と現実

「解放者」としての中国共産党

中華人民共和国の建国宣言から一ヵ月が経った一九四九年一一月七日、人民解放軍第一野戦軍第一兵団の司令員兼政治委員王震が、新疆省の都迪化（現ウルムチ）に入り、いよいよ中国共産党による新疆統治が始まった。人民解放軍の進駐に対し、現地の人々はその支配を受け入れる者とそうでない者に分かれた。新疆省政府主席のブルハン、旧共和国幹部のセイフディンらが共産党に帰順したが、カザフ人の指導者オスマン・バートゥルのように、解放軍を相手に徹底抗戦に打って出る者もいた。他方、新疆省連合政府で秘書長を務めていたエイサ・ユスプ・アルプテキンは亡命の道を選び、トルコで雑誌『東トルキスタンの声』を発行し、在外ウイグル人の政治運動のさきがけとなった。

ここで重要なことは、解放軍が地元住民に歓迎されることもあったことである。多くの文献が指摘するように、過去の軍閥、国民党軍に比べ、初期の解放軍は地元住民に協力的なところがあった。こうした指摘は、中国のプロパガンダだけに見られるものではない。後に世界ウイグル会議の指導者として中国と対立するラビア・カーディルの自伝にも、当時は解放軍の兵士が地元住民におおむね歓迎されていたこと、兵士が自分たちのイメージを良くしようと無償ではたらいていたことが書かれている。もっとも、彼女の自伝によれば、その後すぐに地元住民は漢人から距離をとり始めるのであるが。

王震

中国共産党は、積極的に地元住民の歓心を買おうとしていた。いかに地元住民の支持を獲得するかは、共産党にとってみずからの統治の正当性に関わる問題であった。序章で見たように、新疆社会は長らく漢人の統治者による圧政にあえいでいた。現地ムスリムのあいだで漢人に対する反感がいかに強かったかは、東トルキスタン共和国が漢人による支配の転覆を目指し、これに多くの民衆が共鳴したことからもわかる。

そのため共産党は彼らなりの工夫をした。まず漢人の民族主義（大漢族主義）への反対を掲げた。表向きそのようにいうことで、かつての軍閥統治から各民族を「解放」する存在としてみずからを位置づけた。同時に、東トルキスタン共和国についても、革命運動としての肯定的な評価を与え、関係者の合流を促した。このように寛容を装うことで、共産党はみずからを過去の軍閥、国民党と差別化し、現地ムスリムとの団結を図ったのである。

新疆省人民政府の成立

中国共産党のこうした姿勢が顕著に現れたのが、新たに発足した新疆省人民政府の人事であった。一九四九年一二月一七日に新疆省人民政府が中央人民政府の批准を経て成立すると、多くの現地ムスリムが起用された。新疆省人民政府主席は、国民党時代の省政府主席ブルハンが留任した。中華人民共和国建国後もその任にあり続けることができた国民党時代の省政府主席は、中国全土を見てもブルハン一人であった。著名な現地民族の政治家を取り込もうとする「上層統一戦線工作」の一環として実現した人事であった。

その下の副主席には、漢人の高錦純《こうきんじゅん》と並んで、旧東トルキスタン共和国の幹部であったセイフディンが就任した。セイフディンは、序章で述べたように、中華人民共和国建国に先立ち、死亡した旧共和国首脳らに代わって北京に赴き、毛沢東と面会、中国共産党の指導に服することを表明した。その際、総勢一万四千人余りの旧共和国の民族軍について交渉し、その結果、民族軍は人民解放軍に改称・編入された経緯があった。それ以来、セイフディンは、旧共和国政府とその軍の代表として毛沢東に認識され、ここでも新政府の副主席という待遇で取り込まれたのである。

このほかにも多くの現地ムスリムが要職に起用され、ウイグル人以外にもカザフ人、ウズベク人などにポストが分配された（詳細は拙著『民族自決と民族団結』第4章を参照）。こうした人事は、表向き民族の団結を醸し出そうとするものであった。しかし、実際の政治権力は、政府機構とは別に存在する中国共産党組織（以下、党組織）によって掌握されており、新疆の党組織は王震以下、漢人の幹部によって当初固められていたのである。

初期の党組織と少数民族エリートの誕生

最初期の新疆の党組織が漢人によって固められていたことは、共産党がこれまで盛世才時代の一時期を除いて新疆に根拠を持たなかった経緯からして当然でもあった。中国共産党が新疆統治に乗り出すにあたり、新疆における党組織の頂点に設置したのが、中国共産党中央新疆分局（以下、新疆分局）と呼ばれる組織であった。新疆分局の書記には、前述の王震が就任した。王震は新疆に駐留する解放軍第一野戦軍第一兵団の指導者でもあり、新疆における党、軍の全権は王震ひとりに委ねられた。

　王震麾下《きか》の新疆分局には、漢人の古参幹部が配置されていた。代表的な人物としては、長らく王震に従って各地を転戦した王恩茂《おうおんも》という幹部がいた。王恩茂は後に王震に代わって新疆の党組織の頂点に立つことになるが、この当時は南疆区（カシュガル）の党委員会書記として、新疆南部の党組織を任されていた。また新疆「解放」前の一九四九年八月に、モスクワから新疆に渡り、国民党勢力の帰順を促した鄧力群《とうりきぐん》も、引き続き新疆に残って、新疆分局で宣伝部長を務めていた。鄧力群とは、一九八〇年代に中央の宣伝部長となり、「左王」のあだ名で知られた人物である。

　このように初期の党組織は漢人の集団であり、現地ムスリムの姿は皆無であった。しかしこうした状況は、一九四九年一一月一四日付の毛沢東の指示を契機として変化を遂げる。この指示は、新疆を含む中国西北部一帯を統括していた中共中央西北局とその第一書記であった彭徳懐《ほうとくかい》に宛《あ》てられたもので、「大規模な少数民族出身の共産主義幹部がいなければ、徹底して民族問題を解決し、民族反動派を完全に孤立させることは不可能である」と指摘し、新疆において少数民族幹部をつくりだすことの重要性を説いて

王恩茂

いた。

今日からすれば意外に思われるかもしれないが、毛沢東には少数民族幹部の養成を重視し、これを利用しようとする一面があった。毛沢東は同じ指示のなかで、少数民族地域の幹部の民族構成は人口の民族構成に比例すべきであるという見解を示していた。ここでいう少数民族とは、中国の民族区分でいう漢族以外の諸民族を指す。新疆に関していえば、ウイグル族、カザフ族といった現地ムスリムのなかから、党幹部が生み出されることとなった。

具体的には、一九四九年一二月三〇日、前述のブルハン、セイフディンら「少数民族中の先進分子」一五人の入党の儀式が開かれた。彼らは候補期間を経ずに入党を果たし、ブルハンとセイフディンに至っては、翌五〇年一〇月一一日、新疆分局の委員となることが決定された。入党から新疆分局の委員になるまでわずか一年足らずという速さであった。この後セイフディンは、民族間関係を専門に担当する新疆分局民族部長として民族間融和を指導し、その下には次代を担う一群の少数民族エリートが出現した。

共産党に対する抵抗運動

このように中国共産党は現地ムスリムを引き入れて統治の安定を図ったが、そのような政策が必要であったのは、新疆各地で解放軍への抵抗がやまなかったからであった。いみじくも前述の毛沢東の指示にあるように、「少数民族出身の共産主義幹部」は、各地に依然として存在する「民族反動派を完全に孤立させる」ために必要とされたのであった。

毛沢東のいう「民族反動派」の例として、まず挙げられるのが、農村社会の上層部である。一部の地主は共産党勢力の伸長を警戒し、抵抗を試みた。共産党はこうした抵抗勢力に対し、「減租反覇」という運動を展開させて対抗した。この「減租反覇」とは、共産党の文脈でいう「悪辣《あくらつ》な地主」を集会に引きずり出し、彼らの過去の悪行を告発し、処刑するという政治運動であり、内地においてはすでに広くおこなわれていた。この運動が新疆にも導入されると、とくに微妙な立場に置かれたのが、かつて東トルキスタン共和国があった三区であった。共産党に合流した旧共和国指導者らには地主に分類されうる人もいた。そのため彼らは、当初、三区は「解放区」であるとして、「減租反覇」の実施に難色を示したようだが、最終的には同地でも「減租反覇」がおこなわれた。当時の新聞報道には、三区を含む全新疆において、「悪辣な地主」が貧農や妻たちの告発を受けて処刑されるエピソードが数多く掲載されている。

こうした地主の抵抗とは別に、軍事的な面でいっそう重要であったのが、共産党の支配に服さなかった国民党系の現地ムスリムである。そのうち著名な人物として、ヨルバルス（堯楽博士）が挙げられる。ヨルバルスは一九三一年にクムル（哈密《ハミ》）で起こった蜂起の指導者のひとりで、盛世才と対立し、国民党政府に接近した。共産党の新疆接収後、ヨルバルスは新たに発足した新疆省政府によって哈密区の専員(政府指導者)に擁立されたが、一九五〇年三月、国民党の側に立って蜂起をおこなった。蜂起軍は伊吾県城《いごけん》を包囲したが、解放軍の増援部隊に敗れ、ヨルバルスはインド経由で台湾に渡った。この蜂起のさなかにヨルバルスは国民党側から新疆省主席に任命されており、戦いは大陸反攻に呼応するものになるはずであった。

こうした国民党系の勢力のほかに、かつて東トルキスタン共和国に属していたが、共産党には合流せず、抵抗の道を選んだ人々もいた。その例として、オスマン・バートゥル率いるカザフ人の武装勢力が挙げられる。オスマンらはカザフ人遊牧民の支持を広く集め、漢人に対する反感を共有していたことから、共産党にとって深刻な脅威となった。一九五〇年五月、新疆分局はカザフ族人民代表会議を開催し、カザフ人の大衆をオスマンの勢力から切り離し、帰順させせようとした。しかし大衆の多くは、共産党の掲げる階級闘争や「減租反覇」のような政治運動にかえって不安を感じ、共産党の思惑どおりに帰順しなかった。そのため解放軍は「剿匪《そうひ》」と呼ばれる殲滅《せんめつ》作戦を展開して、多くの犠牲を払わざるをえなかった。

その後オスマンは解放軍によって生け捕りにされ、五一年四月二九日、新疆省各族各界人民代表会議に特設された臨時審判委員会によって死刑を宣告され、同日処刑された。こうして解放軍に対する武装抵抗の動きはひとまず鎮圧されたが、「解放」後も一年以上にわたって抵抗運動が続いたことは特筆に値する。共産党の上層部も、多くのカザフ人遊牧民が共産党でなくオスマンの側を支持し、解放軍が苦戦を強いられたことを重く受け止め、次に見るような総括がおこなわれた。

王震と習仲勲の対立

一九五二年六月、北京で開催された新疆分局常務委員会議において、新疆の党・軍の頂点にいた王震のこれまでの実績と誤りについて総括がなされた。とくに王震が、オスマンら「反革命分子」を鎮圧する過程で、カザフ人遊牧民の多くを敵に回したことが問題視された。その場で王震を厳しく批判したのが、習近平の父、習仲勲《しゅうちゅうくん》であった。習仲勲は当時、新疆分局の上級組織で、新疆を含む中国西北部一帯を統括していた中共中央西北局の第二書記であった。

このとき習仲勲は、西北局が遊牧地区に対し慎重かつ穏健な方針をとるべきであると考えていたのに対し、王震がこれに従わず、勝手に急進的な政策をおこなったと批判した。端的にいえば、王震の新疆分局と習仲勲の西北局のあいだには、遊牧地区に対する政策をめぐって急進か穏健かの対立が生じていたのである。両者の対立について、軍配は習仲勲の側に上

左からセイフディン、習仲勲、ブルハン

がった。毛沢東がこの問題を重視し、習仲勲の側についたからである。この会議で王震の新疆分局第一書記解任が決定され、王震は新疆を離れることになった。

王震の解任にともない、習仲勲が新疆に入り、一九五二年七月から八月に迪化で開かれた新疆省第二期党代表会議を指導し、遊牧地区に対する政策の穏健化を図った。穏健化とはすなわち、遊牧地区においては社会改革を急がず、当面は遊牧民の生活改善を図るものであった。習仲勲らはまた、新疆分局の指導層を引き連れて天山山麓の遊牧地区を慰問に訪れ、さらにグルジャ（伊寧《イーニン》）で各界人士三百人余りを集めた座談会を開催して、政府の政策を説明した。

このとき習仲勲は、明らかに穏健路線を主導し、統一戦線を重視していた。習仲勲のこうした姿勢は、中国の基準でいえば社会主義建設を急ぐ急進的な左派ではないという意味で、「右」寄りであった。当時は毛沢東の意向に沿ったものであったが、その後政策の左傾が進

む と、批判の対象となった。そのため習仲勲は文化大革命期には辛酸を嘗《な》めることとなる。文化大革命後は再評価されたが、近年では習近平政権が新疆に対する統制を強めていることもあり、こうした習仲勲の事績自体が議論の俎上《そじょう》にのぼらなくなっている。

ところで、王震は毛沢東の覚えめでたく、新疆分局第一書記の地位を失っても、失脚することはなかった。五六年には、後述する新疆生産建設兵団を領導する中央機関の長である農墾部長に就任した（「領導」とは指導よりさらに強い支配を意味する）。王震に代わって第一書記に就任した王恩茂は、王震の腹心の部下であり、王震はその後も隠然たる影響力を新疆に残した。なお、王震の伝記の一九九九年版には、習仲勲による批判が具体的に記述されていたが、二〇〇八年版では当該箇所は削除されている。次期国家主席となる可能性が高まった習近平に配慮した可能性がある。

土地改革と党建設

一九五二年に見られたこのような新疆政策の部分的調整は、同年の後半に始まる土地改革を見据えたものであった。内地の大部分では当時すでに土地改革が進行していたが、それは単に「減租反覇」に見られる一部の地主への攻撃にとどまらず、「階級敵」と見なされた人々すべての財産を清算し、彼らの身柄を労働改造などに送り、人命をも奪うものであった。

一九二〇年代末期から三〇年代前半にかけてソ連でおこなわれた、「階級としてのクラークの撲滅《ぼくめつ》」に勝るとも劣らない大弾圧であった（クラークは富裕な農民を指すが、しばしば財産と無関係にレッテル貼りがなされた）。

こうした土地改革を新疆にそのまま持ち込めば、外から来た漢人の党員がムスリムの地主を襲うことになり、実質的な対立軸が階級から民族に置きかわり、共産党は現地社会全体を敵に回す恐れがあった。そのため共産党中央は、一九五二年五月一七日付の新疆土地改革工作に関する指示において、土地改革は十分に慎重におこなうべきこと、民族、宗教問題では譲歩し、モスクなど宗教施設の土地には触れないこと、遊牧・半遊牧地区では改革をおこなわないこと、保護が必要な人は保護すること、人を多く殺しすぎないことなどを規定した。

これを受けて新疆分局は、前述の習仲勲の臨席のもとに開催された新疆省第二期党代表会議において、「新疆の農業区における土地改革実行に関する決議」を採択し、同年九月から五三年末にかけて土地改革を推進した。新疆分局はまた、五二年一一月に、上層党外人士及び専門家の長期保護に関する規定を制定した。上層党外人士とは広範な概念で、国民党、東トルキスタン共和国などさまざまな系譜に連なる人々を含むが、これらの人々の過去を不問に付し、改心していれば保護すると謳った。このように特別な保護措置を打ち出すことで、共産党は共産党なりに敵の範囲を絞ったのである。こうして土地改革がおこなわれ、新疆全域で合計一五万ヘクタール余りの土地が没収され、六五万戸の農民に分配されたと記録されている。

この土地改革を有利に進める目的もあって、農村に党支部を設置し、農村の労働者を党員に引き入れる党建設（建党工作）が進められた。農村の現地ムスリムの入党が促された結果、一九五二年末から五三年末までの一年で、新疆の少数民族の党員数は約二千人から五千人に増加した。この五千人のうち四千人ほどがウイグル人であった。漢人の党員数も同時に約五千人から七千人に増加し、絶対数では漢人が少数民族を上回っていたが、これまで共産党がほとんど根拠を持たなかった新疆の農村に、現地ムスリムの党員がつくりだされたことの意義は大きかった。この時期誕生した新疆の党員は、土地改革における実働部隊となるとともに、長期的に見れば、現地の既得権益層の裾野となり、共産党対少数民族の対立構図ではとらえきれない中間的存在に成長していくこととなる。

2　新疆ウイグル自治区と新疆生産建設兵団の誕生

ソ連という存在

中国共産党は、「解放」直後の新疆において帰順した勢力を取り込み、農村では新規入党者を募り、支配の基礎を築き始めたが、共産党が新疆を完全に統治下に置くためには、ある外国の存在と向き合わなければならなかった。それは一九三〇年代以来、新疆に強い影響を及ぼしていたソ連である。新疆を中国のものにするためには、ソ連の影響を払拭《ふっしょく》しなければならなかったのである。

ソ連は中華人民共和国にとって社会主義陣営の同盟国であったが、歴史を振り返れば、盛世才政権が蔣介石の国民党政府から距離を置いたこと、東トルキスタン共和国が軍事的に勢力を拡大したことの背後には、常にソ連の存在があった。また毛沢東にとっても、過去のコミンテルンと中国共産党のあいだの複雑ないきさつからして、ソ連は一概に信用できる相手とはいえなかった。ソ連は人民解放軍の新疆進駐に際して空軍機を出して支援していたが、それでも中国共産党の新疆統治にとってソ連が潜在的脅威であることには変わりなかった。

ソ連が新疆における中国の主権を脅かしていたことの一例として、新疆に残されることが決まったソ連権益がある。一九五〇年三月二七日に中ソ間で締結された協定は、中ソ石油株式会社と中ソ新疆有色金属及びレアメタル会社という二つの中ソ合弁会社を新疆につくることを取り決めた。これはソ連が過去に盛世才政権、旧東トルキスタン共和国から獲得した地下資源の探査、採掘の権限の一部を、合法的に承継するものであった。この時期、ソ連は旅順口海軍基地などの権益を中国に認めさせており、新疆における権益もその一部であった。

これらソ連権益は、一九五四年一〇月、フルシチョフ・ソ連共産党第一書記が中国を公式訪問し、各合弁会社のソ連側持ち株を中国側へ移譲するまで存続した。中華人民共和国建国後も、新疆にはソ連の経済支配が色濃く残されていたのである。

親ソ的な現地ムスリム

こうした権益以上に、中国共産党にとって脅威となったのが、新疆のムスリムのあいだに、ソ連に対して強い親近感を持つ「親ソ分子」が多かったことである。当時、中ソ関係が良かったため、「親ソ分子」であることは表向き問題とされなかった。しかし新疆の現地民族の「親ソ」は、往々にして漢人に対する反感と表裏一体であった。ソ連に親近感を持ち、漢人に反感を持つ人が、とくに旧東トルキスタン共和国の関係者のなかには多かった。折しも中国共産党は統一戦線を掲げ、積極的な入党を呼びかけていたことから、こうした「親ソ分子」が党内に続々と入り込むこととなった。その結果、現地民族と漢人の対立も、党内に持ち込まれ、共産党話法でいうところの幹部の「団結」が課題となった。

現地民族幹部と漢人幹部の「団結」（対立）をテーマとする報告は、当時の新疆分局会議においてもいくつか取り上げられているが、現地民族幹部は具体的に何を主張していたのか。彼らの主張をうかがい知ることのできる例が、中国共産党に帰順した旧東トルキスタン共和国の関係者らが、一九五一年三月四日にグルジャで開催した通称「五一人の幹部の座談会」の事案である。

座談会は大胆にも、概略次のような主張をおこなった。新疆を中華人民共和国のなかのひとつの共和国（文献によっては自治共和国とされる）とし、その名称を中華人民共和国ウイグルスタン共和国とすること。外交と軍事は中央人民政府の管轄とするが、共和国の領域内の人民解放軍は基本的に現地民族が構成すること。共和国はソ連と文化交流協定を締結し、ソ連中央アジアの各連邦構成共和国と直接文化交流をおこなう権利を有すること。新疆に進駐した人民解放軍および漢人幹部は甘粛省以東の内地に撤収させること、などである。

この主張の最初の点などは、明らかにソ連の連邦制に影響を受けており、ソ連が中央アジアでおこなったような国づくりを新疆でもおこなってほしいという要求であった。ソ連と協定を締結し、ソ連中央アジアと結びつこうとする点は、彼らの親ソ的な傾向をよく伝えている。また漢人の撤退を要求した点は、漢人への反感が率直に現れているといってよいだろう。もっとも、新疆が中華人民共和国の一部であることは前提として認めており、独立を掲げたものではなかった。

王震の怒りと恐れ

これらの点は、ソ連の国家建設をその傍らで眺めて育った新疆の「親ソ分子」にとっては、自然な発想でもあった。ましてやこのときの統治者は国民党ではなく、ソ連の兄弟党である共産党であったから、こうした要求が受け入れられる余地があると考えられても不思議ではなかった。

しかし当時、新疆分局の第一書記であった王震ら漢人幹部の目には、これは国家分裂活動と映った。座談会をおこなった現地民族幹部らは、翌月の新疆分局会議で王震に叱責された。当時通訳を務めていた人物の回顧録には、激怒した王震の発言が以下のように伝えられている。「去年北京の建国一周年の式典に送ってやったのに、中央指導者の面前で国家分裂活動をやるとは、完全に狂っている！」「貴様の腹がこんなにデカいのは、労働人民の血の汗を搾取して、毎日ポロ（プロフ）を食べているからなんだろう！」「搾取階級の悪辣地主の利益を守るために、三区には悪辣地主はいないなどといって、公然と分裂活動をやり、自分は王様になって、人民を搾取し続ける気だな！」

しかし、座談会をおこなった幹部をただ責めればよい問題ではなかった。現地民族幹部の主張は、かなりの程度、現地社会の声を代表していたからである。この座談会の前後には、イリ、タルバガタイ、アルタイの三区を「共和国」としてソ連に合併することを求める運動も存在していたといわれている。それに比べれば座談会の主張は、まだしも中国共産党に寄り添おうとするものであった。

概して当時新疆にいた漢人は、「親ソ」「反漢」の現地社会のなかで浮いた存在であった。当時、ソ連人は新疆社会にそれなりに溶けこんでいたのに対し、甘粛省以東の中国内地から来た「中国人」（漢人）は外国人も同然であった。王震が爆発させた怒りは、ソ連に連なる現地の大衆への恐れからも来ていたであろう。中国共産党は新疆に具体的にどのような自治を与え、それはソ連の連邦制とどのように異なるのか、新疆の親ソ的な幹部、大衆が納得できるものなのか。共産党に難題がつきつけられていた。

民族区域自治の模索

中国共産党は、この問題にいかに答えたのか。共産党はすでに中華人民共和国の建国に先立ち、ソ連のような連邦制をとらないこと、その代わりに民族区域自治と呼ばれる制度をおこなうことを明らかにしていた。しかし当時はまだ内モンゴル自治区がつくられていたのみで、民族区域自治制度がその他の少数民族地域において具体的にどのような形態をとるのかは、建国の段階では完全に確定されていなかった。

一九五一年に入り、中国共産党はいよいよ本格的に新疆社会に意見を求め、調査に乗り出した。その矢先に起こったのが、前述の「五一人の幹部の座談会」の事案であり、また三区のソ連への合併を求める運動であった。こうした親ソ的な現地の大衆からの提案は、新疆分局にとって、また中国国家にとって、到底受け入れられるものではなかった。

この頃、新疆分局は新疆省を三分する構想を持っていた。ウイグル族主体の南部、漢族主体の東部、カザフ族主体の北部に三つの自治区をつくり、その上にウイグル族を政府主席とする「ウイグル人民政府」を設置するというものであった。しかしこの案は、共産党の最高指導層の同意を得られなかった。当時、周恩来《しゅうおんらい》には、新疆はウイグル族だけのものではなく、各民族のものであるという認識が存在していた。その観点からいえば、新疆省の政府は「ウイグル人民政府」ではなく民族連合政府であるべきであった。ウイグル以外の比較的小規模な民族を政治的主体として重視する傾向は、この後も見られることとなる。

自治単位の入れ子構造

「ウイグル人民政府」案が却下された後の一九五二年八月、中央人民政府が民族区域自治実施要綱を制定し、民族区域自治のあり方について基本方針を打ち出した。この要綱は、省レベルだけでなく、その下の県などの行政単位にも、それぞれの地域住民の民族構成に基づいて、自治政府をつくることを規定した（第七条）。これにより、ウイグル以外の民族も含め、各民族が集住している地域に、それぞれの規模に応じて、自治郷、自治県などの自治単位を設定するという方針が確定した。

これ以降、民族構成、民族分布等に関する調査を踏まえて、下級の行政単位から順に自治の付与が検討されることとなった。一九五三年から郷レベルで自治単位（自治郷）の設置が始まった。一九五四年には県より上のレベルにも広がり、六つの自治県、五つの自治州が次々に組織された。このうち、東トルキスタン共和国が存在した三区にまたがるイリ・カザフ自治州は、他の自治州より格上とされた。翌五五年に新疆省が廃止されて新疆ウイグル自治区が新設されると、自治区のなかに、たとえばイリ・カザフ自治州があり、そのなかにチャプチャル・シベ自治県があるという、入れ子構造が生まれたのである。

その結果、イリ・カザフ自治州の州都グルジャ、クズルス・クルグズ自治州の州都アトゥシュ、バインゴリン・モンゴル自治州の州都コルラのように、ウイグル人が多く住む都市が、行政上、別の民族の自治州において州都とされる事態が起こった。これはカザフ、クルグズ、モンゴルといった遊牧民族が、集中して居住する都市を持たないための措置であったが、ウイグル以外の比較的小規模な民族に自治州を与えることが優先された結果でもあった。

ところで、こうした入れ子構造は、基本的な構造としてはソ連連邦制にも見られるものであり、中国の民族区域自治実施要綱において発明されたものではなかった。ソ連では共和国の下に自治共和国、自治州などが、各地域住民の民族構成におおよそ対応するかたちで設置されていた。当時の中国共産党はソ連の連邦制こそ受け入れなかったが、共和国を自治区と呼びかえて、構造自体は取り入れていた。その意味では、中国共産党と新疆の「親ソ分子」の対立の焦点は、ソ連を模倣するか、しないかではなく、ソ連の制度のどこをどのように受容するか、取捨選択の違いにあったといえよう。中ソ同盟下においては、中国共産党もある種の「親ソ分子」の集団であったからである。

自治区の名称の決定過程

一九五二年八月、民族区域自治実施要綱の制定の段階では、新疆省に設置される新しい自治区の名称は定まっていなかった。一九五三年三月二七日付で毛沢東に宛てられた、鄧小平《とうしょうへい》、習仲勲、統一戦線部長李維漢《りいかん》の報告からは、毛沢東がもともと新しい自治区の名称を「新疆自治区」と考えていたことがわかる。当初の案に、「ウイグル」の民族名称は含まれていなかったのである。

「新疆自治区」が「新疆ウイグル自治区」に変わった背景には、先に名前を挙げたセイフディンが重要な役割を果たしていた。自治区の名称について、習仲勲がブルハンとセイフディンに意見を求め、セイフディンが同意しなかったのである。セイフディンは、民族区域自治実施要綱の規定第八条（民族自治区の名称は、特殊な状況を除き、民族名称と地方名称によりこれを構成する）を根拠に、新自治区の名称は、「ウイグル」の民族名を冠するべきであるという考えを持っていたようである。

セイフディンの意見は、新疆において自治の主体となる民族、すなわち「主体民族」の問題に関わるものであった。当時中国共産党は、新疆で民族区域自治を実行するにあたり、人口の大半を占めるウイグル族に新疆の「主体民族」の地位を与えることを決定した。中華人民共和国において漢族が「主体民族」であるのと同等に、ウイグル族が新疆における「主体民族」であると呼びかけられた。こうした「主体民族」に関する決定からすれば、「ウイグル」を自治区名に入れるという見解は理にかなっていた。「ウイグル」の民族名称がなければ、どの民族が主体の自治区であるか、はっきりしなくなるからである。また「ウイグルスタン」などでなく、「ウイグル」のみであれば、旧東トルキスタン共和国を彷彿《ほうふつ》させる「スタン」がつかない分、漢人にも受け入れやすかった。最終的に毛沢東も自治区の名称に「ウイグル」の民族名称を加えることに同意した。

自治区の名称をめぐっては、もうひとつ別の可能性も存在した。それは「新疆」という言葉を使わずに「天山ウイグル自治区」とする案である。「新疆」という名称は、現地ムスリムのあいだで不人気であった。清の乾隆帝の頃から使われ始めたこの地名は、清朝にとっての新しい疆域・領域であることを意味しており、明らかに征服者の観点に立っていたからである。鄧小平、習仲勲、李維漢ら中央の指導者は、セイフディンらからそうした意見を聴取していたようだが、最終的に「新疆」という二字に少数民族を辱める含意はないという判断がなされ、「天山」案は却下されたのである。こうして「新疆」という地名は残されたが、新疆省の省都「迪化」には、野蛮人を教化する意味合いがあったため、都市名を古くから使用されていたウルムチに変更するなどの措置がとられた。

新疆ウイグル自治区の誕生

かくして「新疆ウイグル自治区」という名称が採用されることとなったが、自治区の発足に先立っておこなわれた大小さまざまな座談会、討論会などでは、そもそも「自治区」をつくることに対して異論が噴出した。現在の中国の文献の多くは沈黙しているが、このとき新疆分局統一戦線部長であった呂剣人《ろけんじん》の回顧録によれば、新疆省を「新疆ウイグルスタン共和国」あるいは「ウイグル自治区共和国」とする案が現地民族幹部から提起されたという。この回顧録の記述からは、ソ連の連邦制を中国に導入し、新疆を共和国としてほしいという意見が、このときもまだ現地ムスリムのあいだに根強く存在していたことがうかがわれる。

この意見表明に対し、呂剣人は、民族区域自治実施要綱を根拠に、またソ連が成立した時期の状況と現在（一九五〇年代当時）の中国の状況は異なることを理由に、連邦も共和国もつくることはできないと説明した。こうして現地民族幹部の異論を押し切るかたちで、一九五五年一〇月、新疆ウイグル自治区が誕生した。新疆の親ソ的な人々が願った共和国化案は葬り去られ、自治区という中国的概念が新疆の地を覆ったのである。

新疆ウイグル自治区の成立にともない、その主席にはセイフディンが就任した。これまで旧東トルキスタン共和国の指導者の生き残りとして、また新疆の現地民族幹部の代表者として、毛沢東らとの折衝にあたり、その信任も厚かったセイフディンの主席就任は、順当な人事であった。しかしここで重要なことは、中国において政府（人民委員会）の主席は党委員会の書記の下に属することである。新疆における最高指導者はセイフディンではなく、党委員会の第一書記であった。新疆ウイグル自治区の成立にともない、新疆分局は新疆ウイグル自治区党委員会に再編されたが、その後も王恩茂が第一書記であり続けた。自治区成立後も漢人が新疆の最高指導者であることには変わりなかったのである。

新疆生産建設兵団の誕生

新疆における民族区域自治の実施とほぼ時を同じくして、一九五四年に新疆生産建設兵団がつくられた。生産建設兵団とは、平時には農業生産をおこない、戦時には「国土防衛」にあたる一種の屯田兵である。一九五〇年の段階で新疆に駐留する解放軍部隊のうち、一一万人が農業生産への従事を命じられていたが、この部門と帰順した旧国民党軍が合併して、兵団が発足した。同時に兵団は、その創設時に旧東トルキスタン共和国の民族軍が改組された第五軍の一部も吸収したため、現地民族もわずかに含められた。しかし大部分は漢人からなる集団であり、旧国民党軍を多数含んでいたため、兵団の名目上の指導者である司令員にも国民党の軍人であった陶峙岳が就いた。実質的な最高指導者は、新疆分局の第一書記であった王恩茂が兵団の政治委員として指導にあたった。

生産建設兵団は当初は新疆分局、新疆軍区、そして新疆省人民政府の管轄下に置かれたが、新疆ウイグル自治区の成立後、自治区と軍区の領導を受けることとされ、翌五六年に国家農墾部が発足すると、自治区と国家農墾部の領導を受けることとなった。この意味するところは、生産建設兵団は単に新疆ウイグル自治区政府の領導に服するだけではないということである。換言すれば、生産建設の名のもとに、自治区の管理が及ばない、漢人主体の世界が新疆につくられたのである。

その後兵団は内地から来た移民を受け入れ、開墾を進め、食糧増産に貢献したとされる。その耕地面積は、一九五四年に八万ヘクタール弱であったのが一九六六年には八一万ヘクタール（単年）と、実に十倍以上に拡大した。しかし兵団は既存の現地社会にとっては、漢人移民の尖兵でもあった。兵団の総人口は、一九五四年には一八万人であったのが、一九六六年には一四九万人と、統計に表れているだけで八倍以上に膨れ上がった。そのほとんどは内地から来た漢人であったから、漢人移民の急増、入植地の拡大を受けて、現地ムスリムが警戒を強めたのも自然ななりゆきであった。こうした事情があったため、中国共産党は兵団が現地の民衆にいかに歓迎されているか、また兵団がいかに新疆経済に寄与しているか、盛んに宣伝することとなった。

すでに述べたように、新疆社会は伝統的にはイスラーム世界に属し、近代においては、ロシア、ソ連の影響に靡く性質を持っていた。そこに漢人移民が組織的に入り込むことによって、社会の構成員が根本から変わり、社会全体が中国化の方向に向かう可能性がつくりだされたのである。

新疆の中国化とソ連

漢人移民によって地域社会が中国化されるという現象自体は、中国共産党の支配確立の前から、旧満洲しかり雲南《うんなん》しかり中華世界の周辺でしばしば見られた現象であった。しかし中国共産党は、新疆において、これを上からの政策によって速いテンポでおこなおうとした。その直接的な要因は、スターリンの中国共産党に対する助言も関係していた。

一九四九年六月、スターリンはソ連を訪れた劉少奇《りゅうしょうき》に対し、新疆をいち早く奪取すべきであると指摘していた。そのときスターリンは、新疆の支配で肝要なことは、新疆に住む漢人の比率を当時の五%以下から三〇%まで引き上げることであると述べたとされる。この助言が中国共産党の意思決定に影響を与えたことは想像に難くない。実際、中国共産党は新疆の年内占領を決定し、それを実行した後も、解放軍をそのまま新疆に駐留させた。朝鮮戦争により部隊を東北に回す必要が生じてからも、大部分の駐留を継続させ、その後生産建設兵団をつくった。さらに内地からの移民を受け入れた結果、一九四九年に約二九万人であった新疆の漢人人口は、公式に記録されているだけで一九六二年には約二〇八万人に急増し、新疆の人口の約三〇%にまでふくれあがった（巻頭の人口推移のグラフを参照）。

このように漢人勢力の新疆への進出が、スターリンの勧めによるものであったことは興味深い。一時期ソ連が援助した旧東トルキスタン共和国の現地ムスリムは、その後もソ連に希望を託したが、ソ連はそれに応じず、はじめ中国国民党、次いで共産党と結びついた。ソ連はいわば新疆を捨てて、より大きな利をとる方向へ転じたのであった。さらにポスト・スターリンの後継争いを制したフルシチョフは、中国に対しソ連権益の返還を表明し、結果として新疆に残されていたソ連の経済的影響力も消滅に向かった。新疆に住んでいたソ連人、白系ロシア人、その子孫らも、続々とソ連領に移っていった。

こうした展開は、新疆の親ソ的な人々にとってソ連に見捨てられたことを意味していた。

ラビア・カーディルの自伝からも、彼女の父が当時このことに落胆していたことがわかる。しかし新疆のムスリムがいくら自民族の悲運を嘆いても、もはや後戻りはできなかった。すでに述べたとおり、中国共産党への抵抗勢力はすべて鎮圧されていた。共産党に帰順した現地ムスリムは、せめて中国がソ連的な連邦制をとり、新疆が連邦中国における共和国となることを望んだが、それさえ明確に否定された。そのうえさらに漢人の移民が大挙入植してきたとなっては、もはやなすすべもなかった。

新疆における中国共産党の統治の始まりは、中国内地の漢人政権が同地からソ連の影響力を排除し、代わりに漢人の勢力を伸長させる、新疆の中国化の始まりにほかならなかった。新疆ウイグル自治区と新疆生産建設兵団の誕生は、この新疆の中国化の第一段階がひとまず中国共産党の目論見どおりに終わったことを示していた。

第2章　中ソ対立の最前線として　1956〜1977年

1　社会主義化と反右派闘争

商工業の集団化と国営化

すでに見たように、一九五五年の新疆ウイグル自治区の設置は、漢人の側から見れば少数民族の自治の実現であったが、親ソ的な現地のムスリムにとっては、彼らを置き去りにして支配者が上から与えたものという印象がぬぐえなかった。自治区が成立しても、新疆の統治は漢人中心の党組織によって運営され、内地の政治から距離を置くことはありえなかった。それどころか自治区の設置と同じ頃、中国共産党が全国で社会主義化を強力に推進したため、その波が新疆社会にも押し寄せてくることとなった。

ここでいう社会主義化の波として、まず商工業の集団化と国営化、それから農業の集団化が挙げられる。商工業の集団化と国営化に関しては、内地では一九五四年から五六年という短期間に、民間企業の経営に政府が参加する「公私合営」が強行されたことが知られている。新疆では、皮肉なことに、新疆ウイグル自治区が成立し、少数民族の自治の実現がいわれた一九五五年一〇月に、この「公私合営」の政治運動が巻き起こった。新疆の場合、内地よりもさらに短期間でこの「公私合営」が強行され、五六年一月二三日には、自治区の中心ウルムチ市が商工業の「公私合営」の完了を宣言した。自治区内のほかの地域も、同年末までに「公私合営」すなわち商工業の社会主義的改造を基本的に終えたとされる。

この商工業の集団化と国営化により、多くの人が先祖代々営々と築き上げてきた私有財産を没収された。内地においても資産没収の憂き目にあった人の境遇は悲惨そのものであったが、新疆の現地ムスリムの場合、受け止め方はいっそう深刻であった。単に社会主義化による犠牲という面だけでなく、土着のムスリムの資産が外から来た漢人に収奪されるという、民族的な意味合いが加わったからである。

ラビア・カーディル（当時八歳）の一家も、そうした犠牲を強いられた。彼女の自伝には、解放軍の兵士二十人によって、サルスンバという街の中心にあった自宅から一家が追い出されたときのことが描かれている。軽食レストラン、理髪店、パン屋、公衆浴場などを経営していた彼女の父親は、商工業の国営化の直撃を受けた。命こそ奪われなかったが、財産は手放すほかなかった。折しも新疆ウイグル自治区が成立した直後に、社会主義化の波が押し寄せたことから、彼ら彼女らが、中国政府が「民族自決権と平和的共存という約束」を反故にしたと受け止めたのも無理はなかった。

農業の集団化

商工業の集団化と国営化が都市の社会主義的改造であったとすれば、これから述べる農業の集団化は農村の社会主義的改造であった。一九五五年後半から全国で急速に推進された農業集団化は、合作社《がっさくしゃ》（協同組合）をつくる運動であり、農業合作化ともいわれる。この運動が盛り上がったきっかけは、同年七月、毛沢東が「農業合作化問題に関して」と題する報告において、合作化をゆっくりおこなおうとする幹部らは纏足《てんそく》の婦人のよちよち歩きのようだとこき下ろしたことにあった。これを受けて新疆でも、まさに新疆ウイグル自治区が成立した五五年秋に、合作社建設の動きが急ピッチで進められた。その結果、『新疆日報』の報道によれば、同年九月から一一月下旬までに、新疆全域で約二千の農業合作社が雨後の筍のごとく建設されたといわれる。

その後、五六年春にかけて、合作社の建設や合併の動きが進んだ。五六年三月一〇日には、新疆の全農家の八五％がすでに合作社に入ったことが報告されている。同年同月の全国の合作社組織率が八九％であったから、統計が正しければ、新疆はほぼ全国平均に並ぶ勢いで合作化していたことになる。

当然ながら、拙速ともいえる農業合作化は、各地でさまざまな弊害を招くようになった。なかでも肝心の農業生産がなおざりにされる恐れが高まった。そのため各省、自治区は対応に追われることになったが、この点でも新疆は例外でなかった。新疆ウイグル自治区党委員会は、五六年二月、「春季農牧業生産工作をしっかりと進めること」に関する指示を出した。翌月には、合作社建設を当面のあいだ、「一時的に停止」し、「春耕生産を農村工作の第一の地位に据える」とする緊急指示を発出し、「このことは決して右傾保守ではない」と念を押した。

このようにアクセル全開の急発進のあとでブレーキをかけて調整する点もまた、内地さながらであった。当初の拙速さはいくぶん調整されたが、合作化と合作社の合併、昇格の動きはその後も止まらなかった。五六年末までに新疆の全農家の七六・五％が、比較的大規模な「高級合作社」に組み込まれたとされる。当時全国では全農家の八七・八％が「高級合作社」に組織されていたことから、新疆はこれをやや下回るものの、しかし大きく遅れてはいなかった。

農業集団化をつうじて、一九五二年に習仲勲が新疆で広めた穏健路線は後退し、代わって急進的な社会主義化がよしとされる風潮が新疆の地を覆うようになった。背景には、最高指導者である毛沢東がみずから社会主義化を推進していたことがある。毛沢東の権威の前では、少数民族自治区だからといって内地より手加減することは許されなくなっていたのである。

反右派闘争の波及

農村の社会主義化の続きである大躍進政策を見る前に、新疆における反右派闘争の展開について述べたい。共産党の諸政策は、一九五六年前後には新疆でも時間差なく、また手加減なくおこなわれるようになったが、翌五七年に始まる反右派闘争も、内地で発動されるやいなや、たちまち新疆に波及した。

反右派闘争とは、中国共産党への批判の高まりに対する対抗措置としておこなわれた全国的な粛清運動である。ここでいう共産党への批判とは、主として一九五七年前半に共産党が自由で多様な言論活動を容認する政策方針（百花斉放《ひゃっかせいほう》・百家争鳴《ひゃっかそうめい》）をとったことで噴出したものであった。そのなかには、共産党が国家をみずからの所有物とするような傾向への批判、共産党だけが政策を決定していることへの批判等があった。これに対し共産党は、一九五七年六月以降、苛烈《かれつ》な弾圧をもって応えた。とくに都市の知識人がターゲットとなり、冤罪《えんざい》を含め、実に五五万人もの人々に右派のレッテルが貼られ、従来の職場や住まいから追放されたといわれる。

新疆においても、いまだに全貌は明らかでないが、『中国共産党新疆ウイグル自治区組織史資料』によれば、約三二〇〇人が誤って右派とされたという。新疆の場合、反右派闘争でとくに狙い撃ちされたのは、「地方民族主義者」と見なされた少数民族の人々であった。ここでいう「地方民族主義者」とは、新疆ウイグル自治区党委員会第一書記の王恩茂の言い方にならえば、分離主義を主張し、国家の統一と「民族団結」に反対する勢力であった。これはつまり、党の民族政策や漢人幹部の専横に対し不満を抱いていた、広範な現地ムスリムであった。前章で見た、新疆の共和国化を望む議論や新疆ウイグル自治区という名称に対する異論も、「謬論《びゅうろん》」としてこのとき激しい批判の対象となった。さまざまな人々が十把一絡《じっぱひとから》げに「地方民族主義者」のレッテルを貼られ、批判闘争の渦中に放り込まれたのである。

反右派闘争の過程とその結末

新疆における反右派闘争の過程において、とくに重要であったのが、一九五七年一二月に開会し、翌五八年四月まで異例の長期にわたって開催された、新疆ウイグル自治区党委員会拡大会議であった。この期間の前後に「地方民族主義」に対する総攻撃が実行され、批判の先頭に立ったのは、ほかならぬセイフディンをはじめとする少数民族幹部であった。

セイフディンは五七年一二月、自治区党委員会拡大会議の開幕直後に「地方民族主義に断固として反対し、社会主義の偉大な勝利のために奮闘する」と題する報告をおこなった。報告の論点は多岐にわたるが、前章で見た、新疆ウイグル自治区の名称をめぐる問題がここでも取り上げられた。自治区の名称への異論に対し、セイフディンは、新疆の名称は「人民みずからが管理するひとつの『新しい土地』を意味している。この何が良くないのか」と厳しく問い、「我々は独立を画策するいかなる資産階級民族主義にも、もとより反対である」と態度を表明した。

セイフディンの演説後、自治区党委員会拡大会議の期間中に多くの少数民族幹部が演説をおこない、中国共産党の民族政策を擁護する論陣を張った。彼らは公の場で「地方民族主義」を批判し、これと一線を画すことで、党に対する忠誠を表明したのである。少数民族が少数民族を批判する構図が生じていたといえよう。

五八年四月、自治区党委員会拡大会議は、自治区政府の文化庁長、民政庁長、それからイリ・カザフ自治州副州長が「反党集団」を結成していたと結論づけた。そしてこの三人とウルムチ市長、自治区商業庁副庁長を含む合計五人の党除名を決議し、多数の幹部に処分が下された。

さらに反右派闘争はイリ・カザフ自治州に波及し、当時州長を務めていたカザフ人のジャフダ・ババリコフが批判の対象となった。ババリコフは「反党集団」をつくり、漢人やその他の民族を極端に敵視し、自治州を「独立王国」化しようとしていたと告発され、五八年八月、党除名が決定された。自治州より下のレベルの党組織にも、「地方民族主義」への反対闘争を展開することが呼びかけられ、現地ムスリム社会の名望家らが続々と失脚することとなった。

前章で論じたように、イリ・カザフ自治州は、旧東トルキスタン共和国の中心部に位置し、州名となったカザフ人の遊牧民は解放軍の進駐に抵抗したという経緯があったことから、闘争の対象となりうる人物も多かった。またそうした歴史的因縁もさることながら、一九五五年に自治州内にカラマイ油田が発見されたことも、自治州の指導層に仇《あだ》となった。カラマイを自治州から分離して直轄市にしようとする中央に対し、地域住民が抵抗したことが、このときの激しい糾弾《きゅうだん》につながったと推察される。

反右派闘争の結果、共産党に忠実でないと目された少数民族幹部が追放され、指導部の純化が進められた。さいわいターゲットにされなかった少数民族幹部は、率先して「地方民族主義」を批判し、共産党の民族政策を擁護する役回りを演じることで生き延びた。拙著『民族自決と民族団結』で統計的に示したように、新疆ウイグル自治区の少数民族幹部の大部分は、結果的に失脚を免れた。しかし反右派闘争をつうじて、共産党の政策方針に異論を許さない雰囲気が醸成されたことも事実であった。次に述べる大躍進運動は、まさにそのような状況下で強行されたのである。

大躍進運動の展開

一九五八年に始まる大躍進運動は、ソ連よりも早く社会主義建設を進めようとする毛沢東の急進路線のもと、人民公社の設立、鉄鋼生産への動員をはじめとする諸政策を立て続けにおこなうものであった。計画の前提となる食糧生産の目標値があまりに無謀で、客観性を欠いていたため、全国で深刻な食糧難が生じ、多くの人命が失われたといわれる。

新疆ウイグル自治区における大躍進運動の具体的な過程は、まだ十分に解明されていない。しかし当時発行されていた『新疆日報』の記事をたどると、新疆でも大躍進運動が進められ、大いに宣伝されていたことがわかる。たとえば一九五八年九月二七日付の『新疆日報』は、自治区党委員会が「土法錬鉄」と呼ばれる鉄鋼生産に全党全民を総動員する緊急指示を発出したことを報じている。この時期、中国各地で「土法高炉」と呼ばれる小規模な溶解炉を用いた鉄鋼生産、すなわち「土法錬鉄」がおこなわれ、使い物にならない粗悪な鉄鋼が大量につくられた。この政策は、その前の月の政治局拡大会議（開催地の名前をとって北戴河《ほくたいが》会議と呼ばれる）で正式に採択されたものであり、大躍進運動は新疆と内地でほぼ時間差なく始まったといえよう。

しかし早くも一九五八年末頃には、農業生産の停滞とそれによる食糧不足が各地で顕在化し、中央の指導者たちのあいだでは、政策の方向性をめぐって意見対立が生じた。一九五九年七月には、政治局拡大会議及び第八期中央委員会第八回全体会議（開催地の名前をとって廬山《ろざん》会議と呼ばれる）において、彭徳懐が大躍進運動の問題を指摘する意見書を提出し、毛沢東がこれを右傾日和見主義と断罪する事態に発展した。ここでいう右傾日和見主義とは、大躍進運動すなわち毛沢東の急進路線に批判的な風潮を指す。八月以降、この右傾日和見主義に対する闘争（反右傾闘争）が全国的に呼びかけられるなか、新疆の指導部も右傾思想への反対を掲げるようになった。

このとき新疆における反右傾闘争の先頭に立ったのが、またしても自治区人民委員会主席セイフディンであった。セイフディンは八月一五日、自治区党委員会で開催された「幹部動員大会」において報告をおこない、自治区の全党組織の任務は、右傾保守思想に断固として反対し、増産節約運動を全面展開することであると強調した。その意味するところは、大躍進運動への支持、すなわち毛沢東の急進路線の擁護であった。反右派闘争に引き続き、ここでも少数民族幹部が、毛沢東の主張を社会に伝達する代弁者的役割を果たしていたのである。

大躍進運動の顚末

大躍進運動の結果、中国各地で食糧危機が深刻化し、飢饉が発生したことが知られている。新疆でも一九五九年に人口の自然増加率が約一八％から一一％へ下落し、死亡率が約一三％から一九％に高まったことが、大躍進研究の第一人者である楊継縄によって明らかにされている。楊の算出によれば、新疆では約五万人の「非正常死亡」（不自然な死亡）があったと推定される。これは四川《しせん》省（約八百万人）などに比べれば少ないが、無視できない数である。

当時新疆でも食糧不足が深刻であったことは、文献からも明らかである。一九六〇年春には、アクス地区で飢饉、疫病が発生した記録が残っている。ラビア・カーディルの自伝にも、当時、生産建設兵団の兵士が輸送中に落としていった小麦の粒を道端で拾い集めたというくだりや、新疆南部への「強制移住」の途中で飢餓に苦しむ女性に遭遇したエピソードが出てくる。彼女の一家はまだしも余裕があったようだが、食糧事情が逼迫《ひっぱく》していた社会の様子がうかがえる。

『新疆日報』も当時、自治区の農牧業に危機的状況が生じていたことを報道していた。一九六〇年夏には、自治区内でも旱魃《かんばつ》が発生し、「抗旱闘争」という名の旱魃対策が呼びかけられた。年末には『新疆日報』も、その年の農業生産が「特大の天災」に見舞われたことを明らかにした。翌六一年の一月には、自治区各地で多くの幹部が「農業戦線の強化に全力集中」するため、陸続と生産現場に赴いたことが報じられた。同年八月には、自治区指導部が「家畜の越冬準備工作をよくおこなうことに関する指示」を発出したとの報道がある。同指示は、前年の冬以来の旱魃、牧草の不作により、家畜の大量死亡の危険性がありうることを指摘し、家畜の越冬準備をよくおこない、牧草の備蓄、冬営地の調整を指示した。

さらに新疆特有の事情として、食糧事情がいっそう深刻な内地各省から人口が流入したことが、状況を悪化させていた。公式統計に表れているだけで、一九五九年から六一年一一月までに約八九万人の移民が内地から新疆に到来した。さらに「辺境支援の青年」と呼ばれる、国策として送り込まれた三〇万人が加わり、新疆の人口は増加の一途をたどった。内地人が押し寄せてきたことで、新疆の食糧事情はいっそう逼迫し、地元住民は恐慌をきたし始めた。事態は、人々のソ連への逃亡と暴動へと発展した。

ソ連への逃亡と暴動の発生

一九六二年になると、危機下の中国から人々が逃亡する事案が各地で発生した。広東省では、その年の春、香港《ホンコン》へ脱出する人が急増した。同じ頃新疆では、中ソ国境沿いのイリ・カザフ自治州の住民がソ連領に逃亡する事案が頻発するようになった。当時はまだ、ソ連領中央アジアとのあいだで人々の往来や郵便物のやり取りがあり、ソ連側のラジオ放送を聴くこともできたため、新疆のムスリムやロシア系住民は、中国よりソ連のほうが恵まれているという印象を強めた。ソ連側に住む親戚や友人を頼って移住しようとする人が増えだし、夜陰に紛れて国境を越えようとする人をソ連側が密かに助け始めた。

こうした住民のソ連領への逃亡事案は、当時、自治区外事弁公室主任であった呂剣人によれば、四月一〇日前後からタルバガタイ（塔城）で始まり、その動きは近隣の県に拡大、四月下旬に逃亡者が急増し、国営農牧場の家畜、商店、倉庫の物資を持ち去る者もいたという。このほか、ソ連領事館でパスポート、身分証の発給を受けた人が出国するケースも相次いだ。当時、自治区党委員会が作成した文書によれば、名指しは避けているものの、某外国領事館により外国のパスポート、身分証の不正な発給がおこなわれていたと記されている。

これがウルムチとグルジャ（伊寧《イーニン》）にあったソ連領事館であることはいうまでもない。かつてロシア帝国、ソ連から新疆に移住してきた人やその親族などには、申請に応じてソ連パスポートが支給されていた。しかし申請者があまりに多くなると、パスポートの発給は停止されたという。そのことがまた人々をソ連への「密出国」に駆り立てた。結果として、四月中旬から五月末までに、イリ地区、タルバガタイ地区から、あわせて七万四五七〇人がソ連に逃亡し、そのうち六万一三六一人が不法に越境したという。

この問題は、たちまち毛沢東、周恩来ら中央の指導者の関心を引いた。早くも四月三〇日には、周恩来がセイフディンと話し合い、「辺境の人々が国外逃亡した件については、国外の要因があり、国内の要因もある」と指摘したうえで、「国内の要因については、数年来我々の仕事において民族の特徴、宗教の特徴、当地の経済の特徴をよく顧みてこなかった」と述べたという。後年、中ソ対立が激化すると、中国では問題の責任はソ連に転嫁され、ソ連領事館が人々の出国を煽ったという「ソ連＝悪玉論」が広められたが、事案発生直後の段階では、周恩来は中国国内の政策にも問題があったという比較的客観的な受け止め方をしていたようである。

その後、周恩来は、生産建設兵団に対し、治安維持を担当し、辺境の人々の逃亡を阻止するよう指示した。また人々の逃亡後に残された農牧業生産を兵団が代替するよう要請した。その結果、五月一一日以降、兵団幹部八一〇名、労働者一万六七五〇人からなる「工作隊」が派遣されることになったといわれる。漢人主体の「工作隊」の登場により、地域の緊張は高まり、事態は悪い方向に進んだ。

五月中旬、グルジャで人々がソ連国境方面行きの乗り合いバスのチケットを求めて集まり始めた。五月二九日、バス・ターミナルで国境方面に向かうバスのチケットが売り切れとなり、千人余りの群衆が暴徒と化した。たちまち大規模な暴動に発展した。後に自治区人民委員会が作成した文書によれば、政府庁舎が襲撃され、イリ・カザフ自治州長クルバンアリ・オスマンを含む、多数の幹部が殴打されたという。暴動は兵団の民兵が出動したことで鎮圧され、翌日、中国側の抗議を受けて、ソ連側が国境ゲートを閉鎖し、情勢は鎮静化に向かった。

後年、この暴動事件は発生日にちなみ、「五・二九反革命暴乱」と呼ばれるようになる。また、この年の春に起こった「越境逃亡」事案と「五・二九反革命暴乱」は、「伊塔《イタ》事件」と総称されている。「伊塔」とは、舞台となったイリ（伊犁）、タルバガタイ（塔城）両地区の漢語名に由来している。

調整政策への転換

「伊塔事件」は、中国共産党政権に従来の政策の一部見直しを迫るものであった。すでに述べたように、周恩来は一九六二年四月末の時点でソ連への「越境逃亡」事案の背景に内政の要因があったことを認めた。五月には、自治区指導部も「各族人民の生活に対する分配がうまくできず、目配りが足らなかった」とみずからの責任を認めた。七月にイリ区党委員会が発表した「イリ直属県市大衆越境国外逃亡および伊寧市反革命暴乱事件に関する総結報告」も、越境逃亡と「五・二九反革命暴乱」の主たる原因が、大躍進運動による大衆の生活水準の悪化にあったことを示す書きぶりとなっている。

折しも、六二年二月に政治局常務委員会拡大会議で調整政策の指針が打ち出され、全国で経済の立て直しが始まったことも政策の見直しを後押しした。新疆では六月、「伊塔事件」後、初の大規模な会議となった自治区人民委員会第二三回拡大会議において、調整政策の導入が明らかにされた。同じ頃、国務院は「少数民族の商品供給を適切に改善し、各民族のあいだの団結を一層強化し、辺境防衛を強化するため」、計画とは別に、綿布や茶などの商品を新疆に供給することを決定した。翌六三年九月には、毛沢東が、自治区党委員会第一書記の王恩茂らに対して、布や茶などの具体例を挙げながら、新疆の人民の生活はソ連より良くなければならないと指摘した。最高指導者が中ソ対立の観点から新疆の経済対策に相当の注意を払っていたことの意味は大きかった。新疆においても経済対策が推進され、新疆における生産も徐々に回復基調に入った。

しかし、経済政策が一部調整されても、新疆をとりまく国際環境は厳しさを増していた。「伊塔事件」もあって、中国とソ連の関係は悪化の一途をたどっていた。新疆社会に隠然たる影響力を持つソ連に対し、北京の指導者たちは警戒を強めた。ソ連側もまた自国に向けられた非難に対し、憤慨《ふんがい》を隠さなかった。中ソ対立の激化にともない、新疆は対立の最前線と化していったのである。

2　文化大革命の荒波に揉まれて

文化大革命と新疆

一九六六年から七六年に至る「プロレタリア文化大革命」（以下、文化大革命）のあいだ、新疆も全国各地と同様に混乱と迷走のなかに陥った。人々の相互監視や密告が推奨され、多くの無辜《むこ》の市民が、「ソ連修正主義者」などのレッテルを貼られて批判闘争の渦中に放り込まれ、障害を負い、命を落とした。新疆が「ソ連修正主義」に対抗する最前線、すなわち「反ソ反修の長城」と位置づけられていたことが、事態をいっそう悪化させた。ソ連領中央アジアとつながりのある実に多くの人々が、「ソ連に内通」している罪をでっち上げられ、攻撃されたからである。さらにいえば、旧地主、宗教家、知識人らも迫害を免れなかった。

伝統文化の破壊も、少数民族自治区であるからといって容赦なく進められた。宗教は封建思想とされ、多くの宗教施設や文化財が無惨に破壊され、貴重な文献が焼却された。ムスリムの「思想改造」のために、モスクを敢えて養豚場に転用する事例さえ見られた。新疆社会は、現地民族と関わりなく発動された文化大革命によって、内地に勝るとも劣らない膨大な犠牲を払わされたのである。

一方で、これと矛盾するようだが、周恩来ら最高指導層は、新疆社会の混乱にソ連がつけこむことがないよう注意を払い、文化大革命の動きを抑制した面もあった。その結果、少数民族社会のなかにも保護を受け、場合によっては昇進を遂げる受益者が、一定数現れた。建国後に人格形成された若い世代などには、毛沢東思想に心酔し、文化大革命を支持する人も少なからず存在した。ラビア・カーディルの自伝にも、彼女の姉ゾフラとその夫がそうした「革命主義者」として描かれている。

また一九七二年頃になると、文化大革命前におこなわれていた民族政策が再開されるようになり、少数民族幹部の抜擢が進んだ面もあった。漢人の幹部が失脚した後に、セイフディンが新疆ウイグル自治区の党委員会第一書記に就任したのも、この時期のことである。総じて文化大革命は、破壊と抑圧だけではないさまざまな面をあわせ持っていたのであり、新疆社会は文化大革命のあいだに従来の要素を淘汰しながら、不可逆的な変化を遂げていくこととなる。

紅衛兵の到来と自治区指導者の保護

一九六六年八月に中国共産党第八期中央委員会第一一回全体会議で「プロレタリア文化大革命に関する決定（一六条）」が採択され、従来の社会の古い要素の打破が呼びかけられると、中国全土で無数の大衆組織が誕生し、集会が頻繁に開催されるようになった。そうしたなか、新疆にも北京から大学生、紅衛兵《こうえいへい》らのグループが到着した。彼らの批判の矛先は自治区の党委員会に向けられ、とくに第一書記の王恩茂が、自治区人民委員会主席のセイフディンを不当に庇護《ひご》していると攻撃した。大学生らは九月三日の夜から四日未明にかけて、自治区党委員会の建物を襲撃、占拠し、絶食の抗議集会をおこない、「全国の同胞に告ぐ書」を発表した。この動きは自治区各地に急拡大し、「資産階級反動路線を批判する」のスローガンの下、幹部らが次々と批判闘争にかけられた。

「九・三事件」といわれるこの事件の衝撃は大きく、翌四日、周恩来が緊急に会議を招集し、毛沢東の批准を経て、自治区党委員会および西北局に対し特急電報を発出した。電報は、セイフディンに対し保護方針をとることを決定したと表明し、「辺境の安全を保障するため」、ソ連と国境を接する「イリ、タルバガタイ、アルタイ等の辺境地区の文化大革命」は、新疆ウイグル自治区党委員会が上から管理しておこなうこととし、とくに外地の大学生を同地区に入れてはならず、すでに同地区に入ってしまった大学生は外に移動させなければならないとした。電報はまた、「新疆の文化大革命運動は必ずウイグル族と漢族などの民族の団結を強化しなければならない」と強調した。セイフディンを含む自治区指導者に対する攻撃と新疆の混乱は、周恩来らにとって、対ソ安全保障の観点から到底認められないことであったことがわかる。

「奪権」と事実上の内乱状態

こうして自治区指導層は中央によっていったん保護されたが、一九六七年一月になり、状況は一変する。上海《シャンハイ》などで「造反派」の大衆組織が行政機関を奪い取る「奪権」が始まり、その動きが全国で大々的に報じられると、新疆でも自治区党委員会が所管する『新疆日報』に「造反派」グループの告発文が掲載され始めた。新疆大学のあるグループは、自治区党委員会と王恩茂が内地から来た「革命交流活動の教師・学生」を鉄道駅の検問で足止めさせたと批判し、王恩茂らが新疆を「独立王国」化していると攻撃した。

勢いづいた「造反派」は、一月二五日、ついに「奪権」の動きに出た。「自治区党委員会をぶっ潰し、王恩茂を打倒する」というスローガンのもと、「造反派」の二七団体が集まり、党委員会および人民委員会の権力を奪取した。新疆における「奪権」の時期は、全国的に見ても遅くなく、全国の情勢と連動していたといえる。

しかし、自治区指導部は「奪権」後もなお健在であった。王恩茂はその頃北京に身を置いていたが、王恩茂の勢力下にあった新疆軍区および生産建設兵団の勢力が新疆各地で「造反派」と対峙した。兵団が拠点を置いていた天山北麓の石河子《せきかし》では、兵団勢力が「造反派」を包囲し、武力制圧した。これは「石河子事件」と呼ばれ、全国を震撼《しんかん》させた。周恩来、葉剣《ようけん》英《えい》ら中央の指導者は王恩茂と面会し、王恩茂らの問題は「人民内部の矛盾」であると表明した。これは、王恩茂は階級闘争の敵にはあたらないという意味であり、王恩茂は最高指導層の支持を得て、ひとまず政治生命を保った。

失脚を免れた王恩茂らは、軍区・兵団内に「臨時文化革命委員会」を発足させ、「無産階級革命派」を自称し、「造反派」に対抗する構えを見せた。王恩茂率いる軍区・兵団勢力は、一般に「保守派」に分類される。当時全国各地に「造反派」と「保守派」が対立する構図が生まれていたが、新疆においても同様に両派が並び立ち、ときに激しい戦闘（武闘）をおこなった。こうして新疆も事実上の内乱状態に陥ったのである。

このとき新疆の人口の大半を占めていた現地ムスリムはどちらの側についたのか。両派のもとには無数の大衆組織が存在し、少数民族の勢力も複雑に入り乱れていた。少数民族幹部同士の告発も起こり、混乱を極めたが、セイフディンなどは引き続き王恩茂の「保守派」と行動をともにし、生き残りを図った。少数民族を戦闘に動員することは表向き禁じられていたが、実際には少数民族幹部、党員も内乱に加わり、互いの勢力を牽制していた。

「大連合」の難航

一九六七年後半から六八年前半にかけて、全国的に各派の「大連合」が進んだ。「大連合」とは、「保守派」と「造反派」が連合し、革命委員会をつくる動きを指すが、新疆においては、「大連合」の動きは遅々として進まなかった。その理由のひとつは、王恩茂と毛沢東夫人の江青《こうせい》のあいだの対立にあったようである。王恩茂の伝記によれば、毛沢東は当初、新疆ウイグル自治区に新設される革命委員会の主任に王恩茂を推していたが、王恩茂は毛沢東に感謝の手紙をしたためたのに対し、「造反派」に肩入れしていた江青に対しては何もしなかった。そのため、江青の不興を買い、新疆についての会議が開かれなくなったという。その後、周恩来の取りなしにより、六八年四月に中央文革領導小組が会議を招集したが、その場で江青が王恩茂を罵倒し、何も決まらないまま会議は休会となったという。

そうした経緯があったためか、新疆の「造反派」は「保守派」との「大連合」に後ろ向きであった。当時、絶大な権威を誇っていた江青が王恩茂と険悪であったのであれば、江青の影響下にある「造反派」が王恩茂一派との合流に難色を示したのも自然な流れであった。しかし全国各省で「大連合」が進むなか、新疆の「大連合」の遅れが問題視されるようになり、ことは次第に「造反派」に不利にはたらくようになった。

六八年七月、中央の指導者らが「大連合」を促すため両派の代表と接見した際、セイフディンが「大連合」の早期実現を提案したところ、事件が起こった。「造反派」の代表として会議に参加していた呉巨輪《ごきょりん》という人物が、セイフディンの提案に否定的な態度をとり、それを見とがめた康生《こうせい》と周恩来が呉巨輪を叱責したのである。康生は当時、多くの幹部の迫害を計画した影の権力者として知られており、このときセイフディンが事前に毛沢東と面会し、新疆で「大連合」をおこなうことへの承認をとりつけていたこともすべて把握していた。康生はまた、セイフディンがかつての東トルキスタン共和国時代の仲間でもあるメメティミン・イミノフを批判したことを高く評価していた。そうとは知らずにセイフディンの「大連合」の提案を嗤《わら》っていた呉巨輪は、指導者が一堂に会する前で康生の逆鱗に触れ、立場がなくなった。以後セイフディンらが中心となり、「大連合」がようやく前に進むようになった。

王恩茂の失脚

「大連合」が進展した結果、六八年九月になり、ついに新疆ウイグル自治区革命委員会が成立した。チベット自治区と並んで、全国の省・自治区のなかで最も遅い革命委員会の発足となった。革命委員会の主任には、龍書金《りゅうしょきん》という漢人が就いた。龍書金は「林彪《りんぴょう》系」の軍人として知られ、王恩茂が江青との関係悪化により、自治区革命委員会主任に就く目がなくなったため、代わりに白羽の矢が立ったのであった。王恩茂もこの段階では完全な失脚は免れ、セイフディンらとともに、全部で九人いた副主任のうちのひとりになった。

しかし翌一〇月に開かれた第八期中央委員会第一二回全体会議において、江青が王恩茂批判を公におこなったことで、王恩茂は激しい批判を浴びることとなった。その後開催された自治区革命委員会第二回全体会議（拡大会議）は、王恩茂の「厳重錯誤」を批判し、一二月一二日には、王恩茂の勢力下にあった新疆軍区党委員会の名義で、「打倒王恩茂」の電報が発された。翌六九年一月一〇日、王恩茂は厳寒の街頭を引き回されたが、軍によって救出され、一五日に周恩来が手配した専用機でウルムチを脱出し、北京で保護下に置かれた。こうして一九五〇年代から新疆の指導者を務めた王恩茂は、ついに失脚したのである。

幹部への批判とその罪状

王恩茂が打倒されると、新疆では多くの幹部に対する批判が盛り上がった。習近平の父、習仲勲も攻撃対象となった。前章で見たように、習仲勲が新疆の遊牧地区に対し慎重かつ穏健な方針をとったことが関係していた。こうした穏健路線は、文化大革命当時の文脈では、「資本主義の復活」を密かに目論むものであったと断罪されたのである。

それから「伊塔事件」のときに自治区外事弁公室主任であった呂剣人は、ソ連に内通していたという濡れ衣を着せられた。呂剣人の回想によれば、この時期呂剣人は批判闘争の過程で酷い鼻血を患うようになり、また幹部専用の住宅から一般住宅に移ることになったという。呂剣人のほか、王恩茂の下ではたらいた党、政府、生産建設兵団の幹部らは、大部分が批判された。王恩茂が新疆を「独立王国」化する画策に加わっていたと見なされ、糾弾されたのである。

こうした闘争の対象には、当然ながら漢人幹部だけではなく、少数民族幹部も含まれていた。一九六九年三月二三日付の『新疆日報』の社説は、イミノフとブルハンに対する断固打倒を主張した。イミノフは東トルキスタン共和国の指導者のひとりで、後に中国共産党に入党、一九五五年の新疆ウイグル自治区成立以来、自治区人民委員会副主席を務めたが、文化大革命が始まるとソ連のスパイであると批判された。ブルハンは前章で取り上げたように、国民党時代から五五年まで新疆省政府主席の任にあり、省政府の中国共産党への合流を指揮した人物であったが、国民党の高官であったことが災いして、文化大革命の過程でその過去が厳しく追及されていた。この二人について、社説は、一握りの封建領主や宗教指導者、資本家らの利益を代表していたと非難した。

具体的には、イミノフについては、一九五〇年に中央統一戦線部が招集開催した座談会で、「ウイグルスタン共和国」の成立を要求したこと、五一年に随所で「ウイグルスタン」成立のための反革命輿論《よろん》の形成を画策したこと、中国共産党を「漢族の党」であると侮辱《ぶじょく》し、六二年の「伊塔事件」を煽動したことなどが「罪状」として挙げられた。ブルハンについては、中華人民共和国の建国前に帝国主義諸国と結託しその経済侵略を援助したこと、大テュルク主義（テュルク系諸民族の連帯・独立を目指す思想）を宣揚したこと、一九三一年のクムル（哈密《ハミ》）での反乱の際に鎮圧に手を貸したこと、蔣介石と緊密に連携していたこと、建国後には土地改革の際に遊牧地区における階級闘争の展開に反対したこと、過渡期総路線の際に農業合作化に反対したこと、専門家のふりをして『ウイグル語・漢語・ロシア語辞典』のような「大毒草」（有害な本）をつくりだしたこと、民族区域自治は「新疆の情況に適さない」として反対し、「ウイグルスタン共和国」を成立させようとし、反右派闘争の時期にイミノフらと結託し党の民族政策を批判し、民族関係を挑発し、新疆を「自治区から自治共和国に発展させ、自治共和国から更に独立共和国に発展させる」ことを公然と主張したこと、六二年の「伊塔事件」でイミノフとともにソ連に協力したことなどが攻撃された。

これらの罪状には「でっち上げ」が多々含まれるが、新疆における民族区域自治の模索の過程において現地ムスリムが表明したさまざまな見解が、ここで問題視され、断罪されていることがわかる。楊海英《ようかいえい》の指摘によれば、こうした過去の言行に遡って「民族分裂的な罪行」を「抉《えぐ》りだす」手法は、内モンゴル自治区でおこなわれた迫害にも共通するという。他の少数民族地域でおこなわれた批判が参照され、新疆でも少数民族幹部の迫害につながった可能性が考えられる。

新疆における中ソ国境紛争

王恩茂が失脚した一九六九年は、ソ連との戦争勃発の危険性が高まり、全国的に戦時体制が敷かれた時期にあたる。三月、中国東北部の中ソ国境にあるウスリー川の中洲ダマンスキー島（珍宝《ちんぽう》島）で軍事衝突が発生すると、新疆でも「打倒ソ連修正主義・社会帝国主義」、「打倒新ツァーリ」の声が挙がるようになり、新疆の中ソ国境にも緊張が走った。

六月一〇日、ついに新疆の中ソ国境でも紛争により死者が出る事態となった。中国側の主張によれば、ソ連軍が中ソ国境を越え、タルバガタイ地区南部にあるチャガントカイ（裕民）県に進撃し、中国国籍の牧民を殺害した。その後、八月一三日に再びチャガントカイで戦いが起こり、多くの犠牲者が出る事態となった。後者の戦闘は、テレクチ（鉄列克提）事件として全国さらに国外にまで知れわたった。

新疆での一連の国境紛争が、中国側のいうようにソ連の国境侵犯によるものなのか、それとも中国側の誰かが仕掛けたものなのかは判然としない。しかし中国側では、ソ連がロシア帝国の「衣鉢《いはつ》を継いで」、新疆を「虎視眈々《こしたんたん》と」狙っているとして、ソ連への非難が高まった。このとき新疆におけるソ連修正主義批判の先頭に立ったのは、またしても少数民族幹部のセイフディンであった。毛沢東、周恩来、康生らの信任の厚いセイフディンは、多くの幹部が失脚するなか、指導部内で生き残っており、民族団結を唱え、自治区の革命委員会をまとめる役回りを果たしていた。

時あたかも、カシュガル地区マルキト県で暴動事件が起こった。後に発行された体制側の文献によれば、テレクチ事件のわずか一週間後の八月二〇日、「東トルキスタン人民革命党」なる集団が暴動を起こすとともに、ソ連の支援を頼りに東トルキスタンの独立を宣言しようとしたといわれる。こうした情勢下で、中央の指導者も、対ソ最前線にして少数民族地域である新疆の安定的支配を確保するために、セイフディンを重用したのである。

林彪事件とセイフディンの昇進

一九六八年の自治区革命委員会の成立にともない、「林彪派」の龍書金を長とし、セイフディンを補佐とする体制がつくられたが、この体制は長く続かなかった。一九七一年九月に、林彪が謎の死を遂げる事件（九・一三事件）が起こったためである。この事件の衝撃はすさまじく、「林彪派」の幹部が連鎖的に失脚する事態となった。

龍書金も例外でなく、翌七二年一月、北京で新疆工作座談会が開催され、龍書金は批判対象となった。それから半年後の七月、セイフディンが自治区の指導者となることが、中国共産党中央によって決定された。セイフディンは七一年に再組織された新疆ウイグル自治区党委員会の第一書記代理となり、七三年六月に正式に第一書記に任命された。そのほか革命委員会主任、新疆軍区第一政治委員にも就いたため、セイフディンは名実ともに自治区の党、政府（革命委員会）、軍のトップとなった。当時セイフディンは人々のあいだで「三つの第一」と囁かれたという。

　セイフディンが自治区最高指導者に昇進した背景には、龍書金の失脚による繰り上がりという面のほかに、一九七二年以降、中国共産党中央が民族政策を重視するようになり、少数民族幹部の昇進の機会が増えたことも関係していた。七二年一月の新疆工作座談会とほぼ同じ時期に、中国共産党中央は寧夏《ねいか》固原《こげん》地区民族政策座談会という会議を開催し、「民族政策を真剣に実行し、民族平等と民族団結を堅持し、少数民族の宗教信仰と生活習俗等の問題を尊重する」ことを決定した。これ以降、全国の少数民族地域における民族政策の「錯誤」が次々と暴露され、「錯誤」の責任は概して「林彪派」に転嫁されることとなった。新疆においては、龍書金がその責めを負わされ、折からの少数民族重視の風潮のなかで、セイフディンが昇任したのである。

少数民族党員・幹部の増加

文化大革命の勃発後、少数民族党員・幹部の多くが迫害され、党組織自体も一九六七年の「奪権」後、一時存在しなくなった。しかし一九七〇年以降、党組織が再建されると、少数民族の党員数は急速に増加した。新疆ウイグル自治区の少数民族党員数は一九六五年に一一万人弱であったのが、七三年には一四万人、七七年には一七万人を上回った。全国の少数民族党員数を見ても、一九六五年、七三年、七七年にそれぞれ八三万人、一三八万人、一七二万人と増加の一途をたどった。

幹部レベルに関しては、一九七二年に民族政策に再び光があてられるようになると、明瞭な変化が生じた。六月、カシュガル南部の疏勒《そろく》県党委員会において少数民族幹部が全県幹部の総数の七〇％以上を占めるに至ったことが、『新疆日報』において報じられ、その後こうした少数民族幹部工作の成果に関する報道が増加した。

上層部では、七三年のセイフディンの自治区党委員会第一書記正式就任に前後して、相当数の少数民族幹部、それも若手の幹部が抜擢された。後年、新疆ウイグル自治区を代表する指導者となるイスマイル・エメト（一九三五年生まれ）は、この年自治区党委員会組織部長に就任し、かつ自治区革命委員会副主任を兼任することとなった。同様に、後に新疆ウイグル自治区人民政府主席を務めるティムル・ダワメト（一九二七年生まれ）は、この年新設された自治区革命委員会農林牧弁公室主任に就任している。

そのほか、従来漢人が就いていた役職に少数民族の若手幹部が就任する例が多々見られた。七三年から七五年にかけて、ウルムチ市、カラマイ市、バインゴリン・モンゴル自治州、クズルス・クルグズ自治州、ボルタラ・モンゴル自治州、イリ・カザフ自治州などの指導者が、漢人から少数民族に続々と交代した。彼らの多くは、年齢的にはセイフディンのような旧東トルキスタン共和国の活動家よりひと世代下の若手で、中国共産党の天下になってから幹部として養成されたという特徴を持っていた。

一九六九年の中国共産党第九回党大会以降、しばしば用いられたスローガンに「吐故納新」という言葉がある。古いものを吐き出して新しいものを吸収するという意味で、組織の骨幹の新陳代謝を指している。若手幹部は「新鮮な血液」と形容され、まさに指導部の新陳代謝にともなって起用された。このとき抜擢された少数民族幹部の多くが、文化大革命後も政治生命を永らえ、共産党体制の指導者、代弁者として、今世紀のはじめ頃まで第一線ではたらき続けることとなる。

少数民族言語工作の再開

一九七二年以降、民族政策が回復基調に入るにつれて、文化大革命の混乱により中断されていた少数民族言語工作が再開された。ここでいう言語工作とは、具体的にはウイグル語、カザフ語の文字表記の改革を指す。

一九五〇年代に中国共産党は、ウイグル語、カザフ語など民族言語の表記に関して、伝統的なアラビア文字表記を改めようとした。はじめソ連の言語政策にならってキリル文字表記が採用されたが、その後の文字改革のなかで漢語の拼音（ピンイン）に準じたローマ字（ラテン文字）の「新文字」が考案されると、「新文字」が公式に採用された。「新文字」の普及政策は、折から始まった文化大革命を受けて中断を余儀なくされたが、セイフディンの指導下で再開されることとなった。七二年一〇月に自治区に文字改革委員会が復活し、同委員会主任に前述の若手幹部イスマイル・エメトが就くと、「新文字」の使用が呼びかけられ、経験交流会が開催されるようになり、兵団の下部組織などでも「新文字」の普及が見られた。

一九七三年六月、自治区革命委員会がウイグル語、カザフ語の「新文字」の推進工作会議を開催した。会議は、「新文字」の学習熱が新疆全域で高まり、すでに一五〇〇万人が「新文字」を習得し、少数民族だけでなく漢人も積極的に学習していることを伝えた。一五〇〇万人という数字を額面どおり受け取ることはできないが、セイフディン第一書記の体制が「新文字」の普及に力を入れていたことは明らかである。文化大革命の期間中、民族政策はなくなったとする見解もあるが、中ソ対立の危機下において、ソ連の文化的影響から自国の少数民族を切り離す観点に立っておこなわれる民族政策は推進されていたのである。

文化大革命の終焉とセイフディンの解任

セイフディンを長とする新疆の体制は、中国内地の各省と同じく、当時の政治運動と無縁でなかった。七四年に盛り上がった「批林批孔《ひりんひこう》」運動は新疆でも大々的に展開され、林彪と無関係のはずのブルハンらに対する批判が蒸し返されるなど、運動は迷走した。「批林批孔」運動に引き続き、一九七六年に「右からの巻き返し」に反対する闘争と呼ばれる鄧小平批判が巻き起こると、運動はさらに混迷の度合いを深めた。当時鄧小平は「資本主義の復辟《ふくへき》」を企んだとして江青らから激しい批判を受けていた。セイフディン率いる新疆の党組織も、他地域と同様に、江青らの呼びかけに呼応して鄧小平批判を展開させた。

その年の九月に毛沢東が死去し、毛の権威を笠に権力闘争に明け暮れていた江青、張春《ちょうしゅん》橋《きょう》、姚文元《ようぶんげん》、王洪文《おうこうぶん》の「四人組」が一〇月に逮捕されると、セイフディンらは、今度は「四人組」を批判することとなった。「四人組」の新疆における代理人として、元「造反派」の幹部らが告発され、批判闘争が組織されるなどした。なお、このとき批判対象となった幹部のひとりは、一九六八年にセイフディンが「大連合」を提案した際に冷笑していた呉巨輪であった。

セイフディンの体制は、このようにそのときどきの政治運動を指導していたが、中央で鄧小平が再度復活し、新たな体制を築きつつあるなかで、徐々に不利な立場に置かれていった。セイフディンを高く評価していた毛沢東、周恩来、康生らはすでに亡くなり、鄧小平とセイフディンのあいだには信頼関係と呼べるほどの関係はなかった。

七七年七月、汪鋒《おうほう》という漢人幹部が新疆に送り込まれ、自治区の党委員会第二書記に就任した。汪鋒は民族政策のベテランで、寧夏回族自治区党委員会第一書記を務めた経歴を持つ。反右派闘争の際には、闘争の理論化に取り組んでいた鄧小平を、中央の民族事務委員会副主任として民族政策の面から支えるなど、鄧小平と関係が近かった。

鄧小平は七七年当時まだ完全に復活していなかったが、すでに着々と権力基盤を固める布石を打ち始めていた。汪鋒の伝記によれば、当初、汪鋒は雲南省の党委員会第二書記に着任する予定であったが、鄧小平から新疆への赴任を打診され、その後毛沢東の後継者華国鋒《かこくほう》らが汪鋒と話し合い、汪鋒の新疆行きが確定した。伝記の記述が正しければ、この人事の裏には鄧小平の意向が強くはたらいていたことになる。

七七年一二月、北京で開催された自治区党委員会常務委員および新疆軍区党委員会常務委員の座談会において、汪鋒の第一書記への昇進が決定された。セイフディンは、同座談会においてこれまでの「錯誤」と「四人組」とのつながりを批判され、新疆における一切の職務を解かれることとなった。こうしてウイグル人の幹部が自治区の指導部を率いる時代はわずか五年で終わりを告げ、新疆は再び漢人の第一書記の支配下に帰したのである。

セイフディンは保身のためにかつての東トルキスタン共和国の仲間たちを批判し、第一書記に上り詰めたという面もあり、毀誉褒貶《きよほうへん》相半ばする人物として後世に記憶されている。しかしセイフディンほど中国共産党内で重用されたウイグル人幹部は、後にも先にもいない。実際にセイフディンの解任後、新疆ウイグル自治区党委員会第一書記に任命されるウイグル人幹部はいまだ現れていない。

少数民族幹部は共産党の傀儡《かいらい》に過ぎないといわれることもあるが、セイフディンは傀儡にしては相当な実力者であり成功者であった。その彼が第一書記を務めた五年間は、他の時期に比べれば、まだしも民族間の利害調整の機会となる可能性があった。それが毛沢東晩年の政治闘争に翻弄され、多くのことをなしえないまま終わったことは、その後の民族問題の悪化を思うに不幸なことであった。

第3章「改革開放」の光と影　1978〜1995年

1　文化大革命後の再出発

セイフディン解任後の政治混乱

文化大革命が終わると、中国全土で長く続いた政治的混乱は徐々に終息に向かった。それにともない、これまでの政治闘争で批判を受けた人々の名誉回復が本格的に進められるようになった。経済状況も徐々に改善に向かい、末端の食糧事情も改善に向かい始めた。新疆でも、一九七七年末に新たに新疆ウイグル自治区の党委員会第一書記に就任した汪鋒のもとで、政治闘争の被害者の名誉回復や食糧事情の安定が志向された。その意味では、現地のムスリムにとっても良い変化の兆しが見られた。

しかし、そうした政策調整や経済再建と並行して、前任の第一書記であるセイフディンに対する批判が進められ、民族間関係に禍根を残すこととなった。セイフディンは文化大革命中に自治区党委員会第一書記として新疆における政治闘争を率いていたことから、「四人組」に加担していたと見なされたのである。

文化大革命当時、多くの幹部は、上からの指示に基づいて行動していたに過ぎず、現実に江青はじめ「四人組」とどれほど結託していたかは一概にいえない。しかし毛沢東という最大の庇護者を失ったセイフディンは、「四人組」との関係を理由に第一書記を解任されていたこともあって、格好の餌食《えじき》となった。さらに攻撃対象はセイフディンひとりにとどまらず、汪鋒第一書記のもとで書記の地位にあったイスマイル・エメト、同じく常務委員であったジャナブルなど、他の現地民族幹部まで芋づる式に批判される事態となった。

多くの文献は沈黙しているが、内部発行資料である『中国共産党新疆ウイグル自治区組織史資料』は批判がいかに広範に及んだかを伝えている。それによれば、一九七八年八月に自治区党委員会が開催した会議では、自治区の各庁・局、各州・市の指導者らの八五%になんらかの問題があるとされ、翌七九年一月には、自治区党委員会の常務委員、幹部ら六名が批判を受ける事態となった。

一連の動きは社会の末端にも及び、指導者だけでなく基層幹部のなかにも、文化大革命中に生じたさまざまな問題の責任を転嫁され、追放、降格などの処分対象となる人が現れた。ラビア・カーディルの自伝によれば、大きな中学校の幹部として共産党に心酔していた彼女の義理の兄が、このとき左遷処分を受け、人間不信に陥ったという。この例に限らず、それまで革命の大義に身を捧げてきた現地民族幹部の感情は大きく傷つくこととなったようである。前出の『中国共産党新疆ウイグル自治区組織史資料』も、とくに少数民族幹部が打撃を受けたことを認めている。

かくして新疆の党組織は、文化大革命の終結から程なくして、新たな政治混乱に陥った。文化大革命の受益者が、その後地位を追われる現象は中国全土で見られたが、新疆の場合、漢人幹部が現地民族の元第一書記を批判することになり、民族の問題が加わったため、状況が複雑になった。その結果、新疆における文化大革命の終結と共産党の再出発は、必ずしも現地の民族幹部が諸手を挙げて歓迎するものとはならなくなった。それと同時に、現地の民族に代わって中央から派遣されてきた漢人が新疆を統治することの正統性があらためて問われることとなった。

名誉回復の推進

汪鋒の新体制下では、セイフディン批判と並行して、文化大革命や反右派闘争などの被害者の名誉回復が推進された。一九七八年三月以降、新疆ウイグル自治区党委員会は幹部の名誉回復に関連する指示を出すようになり、一九七九年一月一九日に「新疆の『文化大革命』及び歴史が残した重大問題の処理に関する決定」を発出した。この決定は、前章で取り上げたイミノフ、ブルハン、呂剣人はじめ、多くの幹部らに向けられた批判が冤罪《えんざい》であったと認め、彼らの名誉を回復するとした。なかにはすでに亡くなっている人もいたため、この時期追悼《ついとう》行事が公式に営まれ、犠牲者の名誉回復が図られた。

名誉回復の動きは、間もなく基層幹部や末端の党員にまで及んだ。『中国共産党新疆ウイグル自治区組織史資料』によれば、一九八〇年三月までに新疆だけで、実に二〇万件の冤罪が認定され、被害者の名誉回復がなされ、さらに党員の身分を剝奪されていた六千人以上が、党員身分を回復したという。その他、反革命デモや外国への逃亡を計画したなど、さまざまな冤罪のために投獄されていた多くの人々が釈放され、多くの知識人が社会に戻ってきた。ラビア・カーディルの再婚相手となるシディック・ロウジも文化大革命中に逮捕され、刑務所に入れられていたが、この頃釈放された。

こうして多くの人々が解放され、権利を回復したが、これで単純なハッピーエンドとはならなかった。共産党による抑圧から生還した当事者たちは、まさにその共産党が引き起こした誤った政策の犠牲者であった。党がこれまでの誤りを認めたことで、人々が投獄され、多くの命が奪われたことの根拠が失われ、絶対に正しいはずの党の無謬《むびゅう》性《せい》が揺らぐこととなった。これは他でもない、重大な誤りを犯した漢人の勢力が、新疆を支配し続けることの正統性に対する疑念へとつながった。

それから現地ムスリムから見て不条理であったのが、このとき名誉回復された人に、抑圧を推進した側にいた漢人も多数含まれていたことであった。その最たる例が、一九五二年に新疆分局第一書記から解任された王震の名誉回復であった。五二年当時、王震は「反革命分子」を鎮圧する過程で、西北局の命に背いて急進的な政策をとり、カザフ人遊牧民の多くを敵に回したことを批判されたのであった（第1章参照）。この一件も再審査がなされ、王震は晴れて名誉回復を果たした。その後王震は、再び新疆政策に関与を強めるようになる。

さらにいえば、新疆生産建設兵団の元幹部らの名誉回復も共産党中央に承認された。その後、冤罪事件の再審査が進められ、対象は全兵団で六万人以上に及んだ。新疆生産建設兵団は一九七五年にいったん解体されていたが、元幹部の名誉が回復されると、兵団の再建に向けて大きな弾みとなった。

下放青年の問題

中国共産党が文化大革命期に迫害された人々の名誉回復を大々的におこなうようになると、

社会に複雑な影響を与えるようになった。歴史の清算はいわばパンドラの箱を開く行為であり、多くの人々が不当に奪われた権利の回復を求め始めたのである。そうしたなかで目立ったのが、下放《かほう》青年であった。下放青年とは都市部から辺鄙《へんぴ》な農村に追放（下放）された学生たちを指す。とくに文化大革命の初期に紅衛兵となった学生が、わずか数年で秩序再建のじゃまとなって下放されたケースが比較的よく知られているが、新疆の場合、文化大革命以前から約一三万人が下放され、新疆生産建設兵団のもとで管理されていたという。

文化大革命が終わると、新疆の下放青年は陳情団をつくり、上海など元の居住地に帰還したいという要求を掲げ、北京の中央省庁を訪ねた。しかし彼らの要求は認められなかった。それどころか新疆に戻ってきた陳情団は、地元政府から弾圧を受けた。その結果、一九七九年から抗議行動が起こるようになり、翌八〇年一月に新疆南部の都市アクスで四千人以上が参加するデモが発生した。さらに一一月、八千人以上がデモを起こし、ハンガーストライキに打って出た。

これに対し政府は、下放青年の待遇の改善を約束したが、それもつかの間、戒厳令《かいげんれい》が敷かれ、解放軍が出動して下放青年の勢力を鎮圧した。逮捕者は一説には一万人にのぼり、デモの指導者らは国家転覆罪で懲役刑に処せられたとされる。一連の騒擾《そうじょう》はアクス事件と呼ばれ、全国に知れわたったため、政府も対応を迫られた。事件の翌年、八一年三月には、中央政府の指導下で、新疆ウイグル自治区人民政府と上海市人民政府が合同で会議を開き、下放青年の部分的帰還などの対策を講じた。もっとも、多くの元下放青年が、その後も新疆に定着し暮らすこととなった。

頻発するデモ、暴動、反革命武装暴乱

ところで下放青年のデモに揺れたアクスでは、一九八〇年四月、ムスリム住民による大規模なデモ、暴動も発生した。地元住民と下放青年は、基本的に民族、宗教を異にするが、毛沢東時代の抑圧の不条理に被害者意識を抱いていた点では類似していた。下放青年が立ち上がるさまを目のあたりにした地元住民になんらかの影響があったとしても不思議ではない。

この暴動事件(アクス四・九事件)は、ウイグル人の民間人が不可解な死を遂げたことがきっかけとなった。中国の研究者馬大正によれば、死亡した民間人はヨロワス・トフティという名前の酔っぱらいで、取り調べ中に漢人の刑事が規則に違反してタオルを口に詰めたことが原因で亡くなったとされる。しかしその説明では、そもそもヨロワスがいかなる経緯で拘束されたのかは明らかでない。ラビア・カーディルの自伝によれば、ヨロワスはたまたま警察署の前を通りかかった一七歳の少年で、検問をしていた警察官らに中庭に引きずり込まれ、何時間も殴られた末に、掃除用のブラシの柄を口から喉に突き立てられて亡くなったと

いう。

おそらく後者の認識が地元住民のあいだで広まったのであろう。ヨロワスの死から一夜明けた四月一〇日、中国側の文献によれば三千人規模のデモが起こったとされる。ラビア・カーディルの自伝によれば、一万人以上が通りに集まったという。怒りに駆られたデモ隊はアクスの党・政府の建物に押し寄せ、「ヒタイを打倒せよ」「ヒタイは内地に帰れ」のスローガンのもと、漢人を襲撃する事態に発展した。「ヒタイ」（キタイ）とは、中国人、漢人を意味する言葉で、差別的なニュアンスがあるということで中国国内では公式に使用されていない。もっとも、歴史的には契丹（遼）に由来し、ロシア語の「キタイ」（китай）など、一部の言語では今も中国を指す言葉として使われている。

さて、アクス四・九事件は間もなく鎮圧されたが、翌八一年一月一三日には、カシュガル地区カルギリク（葉城）県で、モスクの火災を契機として、最大二千人ほどが参加するデモが発生した。デモ隊は公安局幹部が放火犯であると訴え、「異教徒を打倒せよ」「イスラーム共和国万歳」といったスローガンを掲げ、県政府や公安、ラジオ局の建物などを襲撃した。戒厳令が敷かれたが、暴動の鎮静化までに四日を要したという。

さらに八一年五月二七日、カシュガル地区ペイズィワト（ファイザバード、伽師）県で、一五〇人余りの集団が、県城から七キロの地点にあった民兵の武器庫から武器弾薬を奪取するという事件が発生した。蜂起はその日のうちに鎮圧されたものの、この事件は前の二つと異なり、偶発的な事件ではなかった。背後には、当時二〇代のウイグル人らが中心となって結成した、「東トルキスタン燎原《りょうげん》党」なる組織があり、「東トルキスタン共和国」の根拠地をつくろうとしていたとされる。その主要な構成員には中国共産党員も含まれており、「東トルキスタン燎原党」は共産党の内部に浸透していたといわれる。こうした組織性、計画性が強く警戒され、事件は「反革命武装暴乱」に認定された。

共産党に入党したような前途ある若者が、こうした蜂起を起こすまでに追い込まれた背景には何があったのか。詳しいことは明らかでないが、内部資料にアクセス可能な中国の研究者馬大正は、青年らのあいだに進学や就業の面で不満があったことを指摘している。「東トルキスタン燎原党」は民族独立を旗印に掲げていたとされ、新疆社会にはびこる民族間の不平等が、若者を「民族の解放」に駆り立てたと考えられる。

毛沢東死後、共産党政権が政策を転換するなかで、現地ムスリム社会にそれまでくすぶっていた、漢人主体の政権に統治されることへの不満がいよいよ火を吹き始めた。公安の横暴、民族間の不平等など、新疆社会の矛盾に対する怒りが火種となり、デモ、暴動、ひいては「反革命武装暴乱」が、まさしく燎原の火のごとく広がろうとしていた。

漢人幹部の転出論の浮上

その頃共産党内部では、これまでの民族政策を調整する案が検討されていた。背景には一九八〇年二月に党総書記に就任した胡耀邦《こようほう》が、これまでの民族政策に誤りがあったことを認めたことがある。胡耀邦はみずから民族政策の調整に乗り出し、チベットなど少数民族自治区ではたらく漢人幹部を内地へ転勤させる方針を打ち出した。

改革に向けた機運の高まりを受け、同年七月四日、新疆ウイグル自治区党委員会は改革案を党中央書記処に送付した。それによれば、党・政府機構の少数民族幹部の比率は、人口の民族比率に比例すべきであり、二、三年内に六〇%まで引き上げること、一九八五年までに県の党委員会書記のうち半数から三分の二程度、地区(州)の党委員会書記のうち三分の一から半数程度を少数民族幹部とすることなどの数値目標が提起された。

これを受けて胡耀邦率いる中央書記処は、新疆政策の基本方針に関する「新疆工作問題の討論の紀要」を作成した。紀要には、少数民族幹部を指導的地位に就かせ、漢族幹部はそれを支える助手ないし顧問とすること、少数民族が多い地区の人民公社以下の漢族幹部については内地への転勤を検討することが記された。もっとも、これは決定事項ではなく、十分な検討を経たうえで中央政治局が最終決定するとされた。

この紀要が出されると、新疆では八月一一日、自治区およびその下の各地区、各県の幹部が参加する「三級幹部会議」が開催された。そこでは大多数の現地民族幹部が紀要に対し支持を表明する一方、少なからぬ漢人幹部は別の受け止めをした。

紀要は、中国共産党がかつて標榜していた、「大漢族主義に反対する」という理念を織り交ぜたものであった。幹部の民族比率が地域人口の民族比率に比例すべきであるという見解に至っては、一九四九年一一月一四日付の毛沢東の指示にも明記されていた（第1章参照）。しかしそれはあくまで理想論であって、反右派闘争以降、ほとんど言及されなくなっていた。とくに漢人幹部を内地に転勤させるという点は、祖国防衛のために貢献していると自負する漢人幹部の存在意義を真っ向から否定しかねないものであったため、波紋を呼んだ。

後年『中国共産党新疆ウイグル自治区組織史資料』は、この会議によって「漢族幹部は不安になり、少数民族幹部のあいだにも思想的混乱が生じ」、「民族団結が深刻に損なわれた」とまとめている。同じ頃、内地に帰りたいと主張する下放青年によるデモや、「打倒漢人」をスローガンに掲げた現地ムスリムのデモなどが続けざまに盛り上がった。さらには紀要に触発されて、ソ連の連邦制を導入し、新疆をソ連式の共和国にすべきであるという議論が再燃し始めた。胡耀邦の政策が裏目に出たことに、当時事実上の最高権力者となっていた鄧小平も注意を向けるようになった。鄧小平は、この混乱を収拾するため、新疆「解放」の立役者である王震をたびたび現地入りさせ、さらにみずから新疆視察に出向いたのであった。

鄧小平の新疆視察

一九八一年八月一〇日から一九日にかけて、鄧小平が王震らを従えて新疆を視察した。新疆側では、自治区党委員会の谷景生第二書記が同行した。汪鋒第一書記の姿がなかったのは、高血圧の治療を名目に、北京に身を移していたからである。汪鋒は間もなく第一書記を交代させられることとなる。

鄧小平の視察の主眼は新疆政策の仕切り直しを図る点にあり、そのために二つの政策が用意された。一点目は幹部政策で、前述の漢人幹部の転出論を抑え込み、幹部政策の基本的指針を打ち出すことにあった。視察のひと月前、七月六日に中国共産党中央書記処会議において、胡耀邦総書記の主催のもと新疆政策が討議された。その場で提起されたのが、漢族幹部は少数民族幹部から離れれば仕事がうまくできないとの観点を、少数民族幹部も漢族幹部から離れれば仕事がうまくできないとの観点を、それぞれ打ち立てるべきである、という指針である。

これはもともと南疆軍区政治部副主任のウイグル人幹部の言葉として新華社《しんかしゃ》が取り上げたもので、鄧小平の目にとまり、採用されたのであった。ここでいう漢族幹部と少数民族幹部は相互に離れてはいけないという言い回しは、「二つの離れず」と称されるスローガンの原型となった。鄧小平は新疆において、この考えをみずから説いてまわり、漢人幹部の転出論を抑え込もうとした。同時に少数民族幹部を注意深く養成することも指示し、幹部の「民族団結」を徹底させたのである。

もう一点は文化大革命中に廃止されていた新疆生産建設兵団を復活させることにあった。すでに視察前の六月三〇日に王震が鄧小平に兵団復活の提言をおこなっていた。その後鄧小平は、視察中におこなわれた谷景生との会談において、兵団は復活させなければならないと明言した。鄧小平の発言からは、新疆の安定にとって兵団の存在が不可欠であるとの認識が見て取れる。かくして鄧小平の強力なリーダーシップにより、兵団が兵団としての名義で今後も新疆に駐留し続けることが確実となった。

王恩茂の第一書記返り咲き

鄧小平の新疆訪問後、すでに北京に戻されていた汪鋒に代わって、王恩茂が新疆ウイグル自治区党委員会第一書記として新疆に送り込まれることとなった。王恩茂とは、かつて同第一書記を務めていたその人である。文化大革命の過程で激しい批判に晒《さら》され、新疆を去ったが、その後復活し、吉林《きつりん》省党委員会第一書記を務めていた。その王恩茂に後任の白羽の矢が立ったのは、まさにその経験を買われてのことであり、また王震の後援によるものであった。

一九八一年一〇月一九日に中央書記処が王恩茂の任命を正式決定し、王恩茂は吉林省での任務の引き継ぎもそこそこに、二四日には新疆入りした。

王恩茂に期待されていたのは、幹部の民族団結、そして新疆社会の安定であった。幹部の民族団結に関しては、王恩茂は着任してまず、かつてみずからの指導下で「地方民族主義」などの汚名を着せられた現地民族幹部に謝罪した。第2章で見たように、反右派闘争の渦中で多くの民族幹部が冤罪により失脚した。党の民族政策の誤りは、王恩茂ひとりの罪ではなかったが、王恩茂は表向きみずから頭を下げることにより、民族間のわだかまりを解こうとした。

同時に、文化大革命後の数年間に汪鋒第一書記のもとで批判された現地民族幹部の再審査を進めた。その結果、一九八二年はじめには、自治区人民政府主席の地位にあったイスマイル・エメト、同副主席のジャナブルらの名誉回復が決定された（人民政府は七九年に革命委員会に代わり再設置された）。八二年九月に開かれた一二回党大会では、イスマイル・エメト、ジャナブルらのほか、セイフディンも中央委員に選出された。かくして幹部のあいだでは一応の和解が進み、状況は好転し始めた。

しかし社会全体ではなお多くの火種がくすぶっていた。王恩茂の着任早々、一九八一年一〇月三〇日にカシュガル市でウイグル人住民と漢人住民の衝突が発生した。ウイグル人の労働者が漢人の下放青年と揉み合いの末に殺されたことを機に、「ヒタイを殴り殺せ」「ヒタイを追い出せ」といったスローガンを掲げる数千人規模のデモが発生し、暴動に発展した。デモが大規模化した背景には、ウイグル人青年らによってつくられた、「中央アジア・ウイグルスタン青年星火党」と呼ばれる組織があったといわれ、「ヒタイ政府」を転覆し独立国家を樹立することを画策していたとされる。

事件の性格は、同年五月に発生し、「反革命武装暴乱」に認定されたペイズィワト県の事件に似ていた。しかし王恩茂はこれを「反革命武装暴乱」と見なさず、人民内部の矛盾として穏便に処理した。また多くの現地民族幹部、ついで漢人幹部を現地に派遣し、民心の安定を図った。このあと新疆情勢が一時安定に向かった背景には、前任の汪鋒第一書記に比べ柔軟な対処が目立ったことが関係していたと考えられる。やはり新疆政策に関して王恩茂には一日の長があった。

王恩茂は着任後、民族政策の調整に本格的に取り組み、人心の掌握に努めた。ウイグル語、カザフ語の「新文字」（ラテン文字）の普及政策をとりやめ、伝統文字（アラビア文字）を復活させたことは、その一例である。また、各地でモスクや宗教学校の再建、修復を認可し、宗教に対する引き締めを大きく緩和させた。その結果、モスクの数、イスラームの教義を学ぶ学生数ともに増加に向かった。

民族区域自治法の制定

王恩茂が現地ムスリム社会に対し柔軟な姿勢をとることができたのは、この時期の共産党の民族政策がそれまでの抑圧的性格を改め、少数民族の自治を保障する方向に動いていたことが関係していた。中央では胡耀邦を中心に、少数民族に対してこれまでおこなわれてきた締めつけを緩和し、自治を制度化する試みが進められていた。そうした動きが一応の成果となって現れたのが、一九八四年五月に全人代で採択された民族区域自治法である。

この法律によって、今に至るまで続く、民族区域自治の基本的なあり方が制度化された。法律には民族の平等、少数民族の自治権の保障などが謳われ、自治権の内容として、民族言語での教育から遊牧民の生活空間である草原の保護などに至るまで、かなり細かく規定された。こうした規定が明文化されたことは、伝統文化、宗教活動などの復活に向けて大きな弾みとなった。新疆における自治の状況も、反右派闘争から文化大革命に至る時期に比べれば大幅に改善された。

一方、民族区域自治法には限界もあった。中華人民共和国建国初期にいわれていた民族区域自治の理想が、長年の迷走を経て法律化されたことの意義はあったが、いくぶん理想論的な色彩があったことは否めない。たとえば第一七条では、自治区、自治州、自治県などの政府機関の長に現地民族を就けることが明記されているが、その地域の党委員会書記（第一書記）に現地民族が就くとは定められていない。党委員会に実権がある以上、政府の長が現地民族であっても、党書記が漢人であれば、その地域の自治は有名無実となりかねない。新疆に関していえば、自治区の政府主席はイスマイル・エメトだが、自治区の党書記は王恩茂が務め、その後も漢人が書記の地位に就いている。州、県レベルでも同様で、表向き州長、県長は現地民族だが、その裏にいる党書記は基本的に漢人である。

また新疆の場合、民族区域自治法の制定に先んじて、新疆生産建設兵団が復活したことも重要な意味を持つ。かつて中国各地に存在した生産建設兵団は、一九七五年前後に廃止された後、復活することはなかった。しかし新疆だけは、王震のはたらきかけ、そして鄧小平のリーダーシップにより、一九八一年一二月、兵団の復活が正式に決定された。かくして民族の自治権が保障される新疆ウイグル自治区のなかに、漢人主体の自治組織が存在することが肯定されたのである。当時新疆ウイグル自治区の人口約一三〇〇万人に対し、兵団の人口は二〇〇万人を上回っていた。これほどの規模を誇る兵団の正式復活によって、新疆における民族区域自治法の現実的な効果は、その高邁《こうまい》な理想に比べ、かなりの程度減殺されることとなった。

民族文化の再構築の始まり

このように民族区域自治法は種々の限界をともなうものであったが、その枠内でウイグル人の民族文化の振興が見られるようになった点は特筆に値する。すでに述べたように、一九七〇年代末から八〇年代初頭にかけて、共産党政権はそれまでの民族政策を共産党なりに見直し、それまで抑圧されていた民族文化の担い手の名誉回復、釈放を進めた。このとき自由を取り戻した知識人らが中心となり、民族の文化を再発見し、再構築しようとする動きが始まった。こうした動きは、民族区域自治法（第三八条）に民族文化事業の発展が明記されたこともあって、王恩茂指導部の管理下で、いわば官民一体となって推進されることとなった。

民族文化の振興の象徴的な例として、歴史上の文化人をウイグル人の「民族文化英雄」として顕彰する活動が挙げられる。カシュガル出身の知識人で『テュルク諸語集成』を著したマフムード・カシュガリー、それから現存する最古のテュルク＝イスラーム文学『クタドゥグ・ビリグ』（幸福の知恵）の著者ユースフ・ハース・ハージブ（いずれも一一世紀の人物）らの墓の探索がおこなわれた。この二人の墓はそれぞれカシュガル近郊に「発見」され、一九八〇年代中頃から政府の資金提供を受けて墓廟が建設された。

また、ムカムと呼ばれる民間の伝統音楽が、ウイグル民族の文化としてとらえ直された。早くも一九八一年に自治区政府主席イスマイル・エメトの指示により、自治区政府のもとにムカム研究室が設立され、各地に伝わるムカムが録音され、「一二ムカム」として整理された。その後、北京や中国国外でもムカムの演奏活動がおこなわれるようになり、ウイグル文化として大いに称揚されるようになった。

こうしてウイグル民族のアイデンティティとなる輝かしい文化史が、体制の枠内で再構築され始めた。当然ながらこの営みは、中国国家の一体性という掟《おきて》に抵触しないことが前提であった。またあくまで文化史を主とし、「民族団結」の宣伝に資するものが奨励されるという限界をともなっていた。それでも従来抑圧されていた民族文化が政府の公認のもと、顕彰されるようになったことの意義は小さくなかった。政府管理下の民族文化であっても、ウイグル人のアイデンティティが強まる触媒となりえたからである。

「改革開放」の始動

王恩茂の第一書記在任中には、民族文化の面だけでなく、経済開発の面でも大きな変化があった。「改革開放」と称される諸政策が、新疆においても始動したのである。「改革開放」が一九七八年から始まったとする説は後世の創作で、改革の流れは一九八〇年代前半に本格化した。新疆においても、ちょうど王恩茂の在任中に、いわゆる生産責任制の導入などの改革が実行に移された。

「改革開放」が動きだしたこの時期、鄧小平の訪日に象徴される、指導者が率先して西側の産業政策から学ぼうとする姿勢が見られたが、沿海部から遠く離れた新疆の指導部も例外でなかった。実際に王恩茂は一九八四年一〇月、自治区の幹部らを率いて、アメリカ合衆国カリフォルニア州、アリゾナ州、テキサス州などに足を運んでいる。王恩茂の伝記によれば、アメリカ西部三州の視察をつうじて、そこに中国西部、すなわち新疆の開発のヒントを見出そうとしたようである。王恩茂は訪問先で水利建設こそがあらゆる産業の基礎になると理解し、その後の経済政策において水利建設に重きを置くようにしたという。

改革はまた、経済だけでなく幹部政策の面にも及んだ。一九八二年の一二回党大会に前後して、それまで事実上存在していた幹部の終身制を撤廃し、若手を積極的に起用する動きが進んだ。新疆でもその翌年、宋漢良《そうかんりょう》という一九三四年生まれの中堅幹部が自治区人民政府副主席に抜擢された。宋漢良は西北大学卒業の学歴を持ち、地質関連の技術者を経て党幹部になったという経歴の持ち主であった。大卒の技術者出身で当時五〇歳未満という点は、同じ頃、貴州《きしゅう》省党委員会書記に起用された胡錦濤《こきんとう》に似た経歴ともいえる。鄧小平のイニシアチブで、こうした今までにいないタイプの人材が上層部に供給されたのである。

幹部の若返りにともない、高齢世代の退場も促された。一九一三年生まれで、七〇代に達していた王恩茂は、一九八五年八月、中央委員から退任する報告をおこなった。それを受けて、九月、中国共産党中央書記処が新疆ウイグル自治区の指導者交代に関して討論し、一〇月、後任の新疆ウイグル自治区党委員会書記に前述の宋漢良が就くことが決定された。なお、この年から第一書記の名称は書記に変更された。

王恩茂は新疆ウイグル自治区成立三〇周年の関連行事を取り仕切った後、第一書記から退任し、自治区顧問委員会主任となった。王恩茂は文化大革命後の社会の動揺を鎮め、新疆政策を軌道に乗せたうえで第一線を退いたのであった。後継者の宋漢良は一九五四年に中ソ石油公司に就職して以来、長期にわたって新疆でキャリアを積んでいた。漢人としては現地社会に比較的理解があり、同年一二月に自治区人民政府主席となったティムル・ダワメトはじめ現地民族幹部との関係も悪くなかったとされる。こうして新疆の統治は満を持して次の世代に託されたかのように見えたが、新指導部は抗議行動のうねりと国際環境の激変に直面することとなった。

2　抗議行動のうねりと国際環境の激変

立ち上がる学生たち

新疆統治の大任を任された若き指導者宋漢良は、就任後間もなく現地社会からの抗議の洗礼を浴びた。それがウルムチ一二・一二事件と呼ばれる抗議行動である。一九八五年一二月一二日、学生ら約二千人によるデモがウルムチで発生した。事態はたちまち各地に飛び火し、新疆の各都市だけでなく、南京《ナンキン》、上海、北京などでもウイグル人の学生らが立ち上がった。八〇年代初頭に新疆南部で頻発した暴動と違い、自治区政府のお膝元であるウルムチの街が発火点となったこと、さらに内地の主要都市にまで影響が及んだことに宋漢良の指導部は揺さぶられた。

このときの抗議行動で特徴的であったのは、新疆大学はじめ高等教育機関で学ぶ学生たちが中心的な担い手であったことである。学生たちが抗議した内容は主に、自治区人民代表大会が民主的でないこと、民族区域自治が表向きは強調されているが、実際には推進されていないこと、内地の漢人が新疆に流入していること、とくに内地の労働改造の受刑者が新疆に送られていること、新疆で核実験がおこなわれていること、産児制限（いわゆる「一人っ子政策」）がおこなわれていることなどであった。

これらを見ると、学生たちは共産党政権のいう民主、自治と現実との落差に憤慨し、是正を求めていたことがわかる。とりわけ民族区域自治法が施行されたあとも、漢人の流入が続いていたことは重要である。とくに労働改造の受刑者の受け入れに関しては、内地の治安のために新疆が犠牲になっているという思いがあったのであろう。「ヒタイは内地に帰れ」と叫んだ八〇年代初頭のデモと同様、学生たちの目にも、漢人の増加が問題であると映っていた。

また、核実験と産児制限が、このとき主要な争点として浮上したことが注目される。核実験は一九六四年からほぼ毎年のようにロプノール付近でおこなわれており、当時すでに放射能汚染による住民の健康被害が深刻化していた。産児制限は、少数民族には二人ないし三人の出産を認める例外を設けていたが、敬虔《けいけん》なムスリムにとって、そもそも神からの授かりものである子どもの出産をコントロールすることは心理的に受け入れ難いものであった。

これらさまざまな不満が複合的に組み合わさったのが、このウルムチ一二・一二事件であった。抗議行動は自治区成立以来最大ともいわれる広がりを見せたが、一週間ほどで平定された。これ以降、大学では思想調査、政治教育が強化され、事態はいったん鎮静化した。

学生運動の暗転

しかし学生による抗議行動はこれで収まらなかった。隣国ソ連では、ペレストロイカと呼ばれる政治改革が本格化し、共産党の権限縮小、民主的な選挙に向けて動きだしていた。こうしたソ連の変化に、新疆の学生は大きな影響を受けていたのである。民族差別に反対し、自由、民主、民族平等を求めるデモが組織された。

一九八九年五月一九日、天安門で民主化要求が高まっていた頃、自治区指導者を震撼させる事態が発生した。折しも北京の学生たちへ声援を送る集会が開催されていた最中に、上海で出版されたイスラームを侮辱する内容の本に対する反対運動が重なった。ちょうど金曜礼拝の日でもあり、ウルムチ市中心部にある人民広場に多くの群衆が押し寄せた。学生たちは中心から撤退し、代わって宗教的な抗議の声が強まった。

午後六時過ぎ、暴徒化した三百人余りが、「この世界にアッラーがいないと思うな、我々ムスリムの力を見せてやる」と叫びながら、自治区党委員会の建物に突入した。党委員会を襲撃した人々は短時間で制圧されたが、自治区の党中枢が怒れる民衆によって蹂躙《じゅうりん》されるという、前代未聞の事件となった。それはまさに同じ年に東欧で起きた激動を彷彿《ほうふつ》とさせるものであった。

この五・一九事件は抗議行動の分水嶺となった。それまで曲がりなりにも学生との対話の素振りを見せてきた指導層は、一挙に態度を硬化させた。半月後に発生した六四天安門事件以降、中国全体で民主化を求める声が封殺されたことも相まって、学生による平和的な社会運動、デモはもはや不可能となったのである。

「改革開放」の進展

宋漢良指導部は、改革を求める一連の抗議行動に対し、運動指導者の処分と政治教育ないし「民族団結教育」の強化をもって臨んだが、同時に中国共産党なりの改革を進めてもいた。いわゆる「改革開放」が、八〇年代後半になると、新疆においても徐々に加速し始めたのである。共産党政権のいう改革は、学生が望む民主化、民族平等とは異なり、主に経済政策によって、経済を活性化させ、統治の安定を実現するという考えに基づいて展開された。

新疆の経済政策で見過ごせないのは、八八年三月、国務院により、新疆を綿花と甜菜《てんさい》の国家重点開発区とすることが定められたことである。これにより、新疆は綿花と甜菜の生産基地に位置づけられた。また格差拡大にともなう貧困対策として、八八年七月、自治区党委員会主催の会議において新疆南部の貧困脱却およびその支援が決定された。貧困対策は、当時国務院の指導で全国的に推進されていたもので、新疆もとくに南部の県を中心に対策がとられた。その内容は、税負担の軽減、衣食の確保のための特別な基金の設置など多岐にわたる。これと並行して、産児制限への協力者の表彰など、いわゆる貧困家庭の多産を是正する施策も強化された。その後の新疆政策において鍵となる綿花生産、貧困対策、産児制限が、「改革開放」の進展とともにこうして出揃った。

同時に、「改革開放」のうち対外開放の部分も動きだした。その背景には、中ソ対立が緩和に転じ、八三年には中ソ貿易が新疆の国境においても正式に再開され、対外開放の条件が整いつつあったことがある。八八年一月には、国務院特区弁公室が「新疆開放工作の討論の紀要」を発出した。そのなかで、ソ連と接続する新疆北部の鉄道の再建、ウルムチ空港の拡張、アルマアタ（ソ連カザフ共和国の首都）とのあいだの国際便の就航促進、ホルゴス（コルガス、霍爾果斯）などの中ソ国境ポイントにおける第三国人の通行許可などが提起された。

その結果、八〇年代末には、沿海部ほどではないにせよ、新疆においても経済の対外開放が徐々に進んだ。ソ連領中央アジアとの国境を越えることが一般民衆にも可能になると、中ソ対立のあいだ、二〇年以上も離れ離れになっていた親族の再会が果たされる一幕も見られた。もっとも、中国全土で人々の行き来が活発になったこともあり、新疆に到来する漢人の移民も増加の一途をたどった。一九九三年にはウルムチ市の漢人人口が自治区統計局の公式統計に現れているだけで一〇〇万人に達した。新疆全体の漢人人口は一九九〇年には五七五万人であったが、二〇〇〇年には七二五万人にまでふくれあがった。漢人が相当な勢いで数を増していたといえよう（巻頭の人口推移のグラフを参照）。

バレン郷事件

このように「改革開放」は新疆においても進展していたが、経済発展と貧困対策によって統治の安定を実現するという政府の目論見は、なかなかそのとおりにはいかなかった。八九年の夏以降、都市部の学生運動は封じ込められたが、今度は農村において騒擾が多発するようになった。とくに衝撃的であったのが、一九九〇年四月にカシュガルの南方、クズルス・クルグズ自治州アクト県バレン郷で発生した武装蜂起、すなわちバレン郷事件である。

この事件は「東トルキスタン・イスラーム党」なる組織が中心となって引き起こされたとされる。水谷尚子《みずたになおこ》の論文「新疆『バレン郷事件』考」によれば、この組織は事件より半年前、同じモスクの宗教学者のもとで学ぶ地域の若者たちによって結成され、蜂起に先立って入念な準備をおこなった。そしてついに四月五日早朝、彼らは決起した。地元民を率いて郷の政府（役場）まで行進し、産児制限、強制中絶への反対、漢人の新疆移住への反対、大漢族主義への反対など、政府への要求事項を読み上げた。

しかし彼らの訴えは政府に到底聞き入れられるものではなかった。バレン郷一帯は間もなく解放軍部隊に包囲された。解放軍の援軍も駆けつけ、三日間の激しい戦闘の末に蜂起勢力はほぼ殲滅《せんめつ》された。蜂起勢力が解放軍の大軍相手に何日も持ちこたえたのは、事前の準備の際に、数多くの武器を確保していたからだといわれる。しかしより根本的な理由は、少なからぬムスリム市民が若者たちの決死の覚悟に共鳴し、命をなげうって抵抗したからにほかならない。

現地のムスリムが掲げた要求は、末端の人々の悲哀に根ざしたものであった。とりわけ産児制限により中絶を強制されたことへの激しい憤りがあった。中国共産党政権すなわち異教徒の支配のもとで増え続ける漢人移民も、地元民の目には社会の乗っ取りのように映っていた可能性がある。

中国共産党政権も、経済発展の遅れた農村にさまざまな不満が渦巻いていることは認識していた。そのことは八〇年代後半から、彼らなりに貧困対策に着手したことからもわかる。しかしここでいう農村の不満とは、必ずしも指導者の見立てのように、単純に貧困に由来するものではなかった。民衆は衣食が足りればよいのではなく、パンのみに生きているのではなかった。現地ムスリムにとって貧困も深刻であったが、経済発展なり貧困対策なりのために、社会が漢人ばかりになり、ムスリムとしての生き方が政府の介入を受けるほうが、よほど重大な問題であった。とくにムスリムの観点に立てば、お腹の子を堕《おろ》すことは、神の意志に背く殺人に等しかった。それを異教徒の漢人に命じられたのであれば、その異教徒を討たずにはいられなかった。このような考えを持つに至った敬虔なムスリムと中国共産党政権のあいだには、すでに修復し難い認識のズレが生じていた。

バレン郷事件後、拘束を免れた「東トルキスタン・イスラーム党」のメンバーは、ウルムチで「東トルキスタン・イスラーム改革党」（東トルキスタン・イスラーム改革者党ともいう）を立ち上げたとされる。そこにはバレン郷以外の人も加わり、その後約三年にわたって、新疆各地で武力を用いた反政府活動を展開した。少なからぬ人々が、もはや政権側との対話は不可能と悟り、自殺的な抵抗運動に身を投じるようになったのである。

江沢民の新疆視察

一般の民衆が解放軍相手に果敢に戦ったバレン郷事件は、新疆社会で伝説となっただけでなく、北京の最高指導層にも衝撃を与えた。時あたかも、ソ連の影響下にあった東欧諸国で体制転換が起こり、さらにソ連国内でもバルト三国の分離独立要求が高まるなど、社会主義の大国ソ連が瓦解に向かっていた。これを受けて、中国共産党はみずからの統治下でも、たとえば新疆やチベットにおいて分離独立運動が巻き起こるのではないかという危機意識を強めた。中国の言葉でいう「分離主義」に対する警戒感が高まることとなったのである。

そうしたなか、江沢民《こうたくみん》がみずから新疆を視察した。一九九〇年八月二二日から九月一日のことである。江沢民はその前年に鄧小平によって党総書記に抜擢され、天安門事件後の中国社会を安定に導いていた。その江が新疆を視察した背景には、何より「分離主義」に対する警戒があった。国際情勢の急変にともない、国内外の「分離主義勢力」が新疆を中国から分裂させようと陰謀を企んでいるとの認識のもと、江沢民は新疆において、安定を維持することがいかに大切かを説いてまわった。同時に江沢民は、安定のためには経済発展が必要であると考え、政治の安定がなければ経済が成長するはずがなく、経済が成長しなければ安定も結局は維持できないと主張した。要するに、安定の維持こそが新疆政策の最重要課題なのであり、それを実現する鍵が経済政策であるという理解であった。

しかし、バレン郷のムスリムが反対した産児制限や移民政策などについて、検討し直した形跡は見あたらない。新疆訪問中、江沢民はバレン郷事件にも言及したが、その教訓として「経済発展こそが政治的安定、社会的安定の基礎である」との指針を示している。現地ムスリムが蜂起に至った際の心情は、まったくといっていいほど考慮されなかったのである。

江沢民は鄧小平よりひと世代若く、開明的な指導者の面もあった。しかし新疆視察をつうじて、この新しい最高指導者には現地ムスリム社会の声に耳を傾ける姿勢はないことが明らかとなった。それればかりか、政権に批判的な現地ムスリムは、批判の内容がなんであれ、一緒くたに「分離主義」の烙印を押されるようになった。「分離主義」への警戒は、一九九一年末にソ連が解体し新疆の西隣に五つの共和国が独立するとさらに強まった。宗教関係者の身辺調査が強化され、マドラサ（イスラームの学校）の閉鎖が相次いだ。八〇年代には民族文化に対する締めつけがいったん緩和されていたが、江沢民は再び取り締まりを強化する方向に舵を切ったのである。

ソ連解体の衝撃

江沢民直々に新疆の安定の強化が呼びかけられた背景には、東欧の激動があったが、一九九一年に入るとソ連そのものの先行きも危ぶまれるようになった。それにともない、中国共産党内部ではいわゆる「分離主義」に対する危機感がますます強まった。そうしたなか、九一年五月にソ連と国境を接するタルバガタイにおいて、六月には同じく国境地帯のボルタラ(博楽)において、デモ、暴動が発生した。前者では、政党結成の自由、新疆独自の軍隊の結成、テュルク系民族の独立が、後者では民主選挙による市政府指導部の選出、ソ連への帰化などが要求されたという。

相次ぐ事件を受けて、今度は当時国家副主席となっていた王震が、王恩茂、セイフディンらを従えて新疆を視察に訪れた。一九九一年八月一六日から二四日にかけてのことで、まさにソ連でクーデターが起こった時期に重なった。新疆において王震は、ソ連で起こった混乱は国内外の敵対勢力の陰謀によるものであり、人々の生活を破壊していること、そして中国が社会主義を堅持し民生の安定を維持することがいかに大切かを説いてまわった。なお、このときが王震最後の新疆行となった。

その後中国共産党は、ソ連解体の衝撃の直撃を回避すべく、社会主義の堅持と「民族団結」の強化を徹底させるとともに、「分離主義勢力」に対する取り締まりを強化した。それから一九九一年末のソ連解体によって中央アジアに誕生した五カ国（カザフスタン、キルギス、タジキスタン、ウズベキスタン、トルクメニスタン）に対し、中国は積極的に外交活動を展開させ、早くも九二年一月にそのすべてと国交を樹立した。新生中央アジア諸国は総じて中国との現実的な関係構築を目指していたこともあり、新疆が中国の不可分の一部であることは難なく承認されたのである。

こうしてソ連解体にともなう新疆社会の動揺は、九二年初頭までにかなりの程度抑え込まれた。共産党から見れば、ソ連解体にともなう地殻変動により、新疆が中国から分裂するという最悪の事態を防ぐことに成功したといえよう。また一方で、この機会に東トルキスタンあるいはウイグルスタンも独立できるかもしれないという一部の淡い期待は、あえなく打ち砕かれた。しかし、中央アジアの五つの民族が独立して自前の国を持てたのに対し、なぜ自分たちだけはそれが許されないのかという不満が、ウイグル人のあいだで密かに鬱積《うっせき》していくことは避けられなかった。

大富豪ラビア・カーディル

その後、経済政策を重視する江沢民政権のもと、九〇年代をつうじて「改革開放」が大いに進んだ。中国全体で見ても、一九九二年はじめ、鄧小平が広東省を視察し「改革開放」を加速せよと訴えて以降、対外開放が加速の一途をたどったが、新疆においても同様であった。同年六月、党中央四号文件により、内陸国境都市・県の開放を進め、対外開放を内陸にも拡大させる方針が伝達された。九月には、ウルムチで辺境地方経済貿易商談会（博覧会）が開かれ、外国人が二千人以上参加するなか、新疆を中国の西の窓口として開放することが呼びかけられた。一九九四年八月には、国務院でウルムチ経済技術開発区の設置が承認され、豊富な資源を活かし、外資を引き入れ、輸出を拡大する方策がとられた。

新たに誕生した中央アジア諸国との民間貿易も活性化した。安価な中国製の生地や食器などを中央アジア諸国で売り、西洋風の服を新疆で売るビジネスが活況を呈するようになった。中央アジア諸国の言語を解するウイグル人はじめ新疆のムスリムは、こうした貿易に大々的に参入し、なかには財を成す者も現れるようになった。この点から見れば、江沢民政権が推し進めた経済開放政策は、新疆においてもその恩恵にあずかった成功者によって一部支持された面がある。

しかし現地ムスリムのなかに現れた成功者たちが、心の底から江沢民政権の政策を支持していたかは不明である。当時最も成功していた実業家の例として、後にアメリカに亡命しウイグル人の人権運動家となったラビア・カーディルが挙げられよう。ラビアは一九八七年、ウルムチに「婦人バザール」という商業施設を建て、現地ムスリムの女性たちに出店や雇用の機会を提供したことで名を揚げた。その後、デパートの経営、中央アジアとの貿易を手掛けるようになり、中国十大富豪のひとりにのし上がった。政権側もそのような人物を放ってはおかず、「国際婦人デーの旗手」の称号を与え、新疆ウイグル自治区人民代表大会代表に選出し、中国人民政治協商会議の委員にした。

しかしラビアは、政権のお飾りとして大人しくしていることはできず、社会問題の告発に熱心に取り組むようになった。本人の自伝によれば、社会にはびこる汚職、高額の税負担、失業率の高さ、就職、教育等における民族間の差別、漢人移民による環境破壊、農村部のインフラの未整備などさまざまな問題について、江沢民に直訴したという。そうした行動が問題とされたのであろう、ラビアは後述する王楽泉《おうらくせん》に睨まれるようになった。

とはいえ、この一件でラビアがただちに失脚することはなかった。九〇年代中頃にはまだ、ラビアのような人物もかろうじて政治協商会議委員として存在が許容されていたのである。政権側もまた、彼女のような現地ムスリムを取り込み、新疆の「改革開放」と「民族団結」、そして女性の解放がいかに成功しているかを、内外に宣伝するために利用した。ラビアは、共産党のスローガンを広めるための広告塔の役割を担わされたのである。

ラビアの実業家としての成功は、ある意味で「改革開放」がもたらしたものでもあった。しかし彼女が嘆き、告発した社会問題の数々もまた、「改革開放」のもとで増幅された不平等、格差、腐敗などに起因していた。彼女の存在、そして彼女が取り組もうとした問題は、まさに新疆における「改革開放」の光と影そのものであった。

宋漢良から王楽泉の時代へ

一九九四年九月、情勢がやや落ち着きを取り戻し、「改革開放」が加速するなかで、新疆の自治区党委員会書記が交代となった。中国共産党中央は、宋漢良の病気療養を理由に、同常務委員の王楽泉を代理の書記とすることを決定した。大卒の技術者上がりの宋漢良は、もともと軍人でも叩き上げの党幹部でもなく、決して強い指導者ではなかった。宋漢良の在任中に、東欧の激動、民主化運動、ソ連解体という巨大な政治変動が立て続けに起こったことは、彼にとって不幸なことであった。あまりの重圧にさいなまれ、体調を崩したのであろう。宋漢良はその後、二〇〇〇年に六七歳で病死した。

他方、書記代理となった王楽泉は前任の宋漢良と異なるタイプの指導者であった。生まれ故郷の山東省《さんとう》で、一介の人民公社幹部から副省長まで出世街道を駆け上がった、まさに叩き上げであった。その力強さを見込まれたのであろう、一九九一年に「分離主義」の脅威に揺れる新疆に送り込まれ、自治区党委員会常務委員に就任した。

ただ王楽泉は宋漢良と違って、学もなければ、若い頃から新疆でキャリアを積んだわけでもなかった。政治エリートとして地位を築いてから新疆に来たため、現地の事情に疎く、ウイグル語はまったくできなかったという。これまでの経歴で少数民族工作に携わった経験もほぼなかったため、新疆の現地社会から見れば完全な異分子であった。

一九九五年一二月、党中央は王楽泉の正式な書記就任を決定した。背景には、同じ山東省出身でその前年に中央組織部長に就任した張全景《ちょうぜんけい》の引きがあったともいわれる。こうして融和的な雰囲気がまだしもあった宋漢良の時代は終わりを告げ、以後一五年余り続く王楽泉の時代が幕を開けることとなった。新疆と縁もゆかりもない異分子による統治が、現地社会に波紋を呼ばないはずはなかった。

第4章　抑圧と開発の同時進行　1996〜2011年

1　グルジャ事件と九・一一事件

九六年七号文件

一九九〇年代初頭の国際情勢の激変とバレン郷事件の衝撃の後、新疆情勢は数年で落ち着きを取り戻したものの、社会に漂う不穏な空気は消えてなくならなかった。一九九六年前半には、新疆各地で反政府勢力が摘発されるようになり、追い詰められた活動家が銃撃戦に打って出るケースが相次いだ。同年四月末から五月はじめには、アクスで若者九人が銃撃戦の末に自爆攻撃を敢行し、社会に衝撃が走った。さらに現地ムスリムの幹部、モスクの指導者などが襲撃され、暗殺される事件も立て続けに生じた。なかでも衝撃的であったのが、自治区政治協商会議副主席のハルンハン・ハジの暗殺未遂事件である。

ハルンハンはカシュガル大モスクのイマーム（集団礼拝の指導者）という立場にあった。しかし同時に、共産党政権に追従する体制内エリートであり、一部からは「民族の裏切り者」と見なされていた。一九九六年五月一二日の夜明け前、まだ暗いうちに礼拝に向かう途中、ハルンハンは襲撃を受けたといわれる。アクスの自爆攻撃と同じく、「東トルキスタン・イスラーム反対党」なる勢力の犯行とされているが、真相は不明である。

そのため事件についてさまざまな噂が流れた。政府から妻の中絶手術を命じられた男たちがハルンハンに相談したところ喧嘩になり、ハルンハンの耳を切り落としたという説や、指導部にうまく取り入ったハルンハンが他の人を差しおいてイマームに就任したことへの怨恨《えんこん》が事件の背景にあったという説などである。それぞれの真偽のほどは定かでないが、ハルンハンは政権の方針に従って、妊娠中絶はイスラームの教えに抵触しないなどと呼びかけていたため、現地の人々から反発を買っていた。そうした経緯からこのような噂が生まれたのであろう。

政権側もこれらの事件が起こる前から、新疆の地を覆う不穏な空気を察知しており、対策の必要性を認識していた。一九九六年三月には、政治局常務委員会が新疆問題に関する政法委員会の報告を聴取し、中央七号文件の名で知られる「新疆の安定維持に関する中央政治局常務委員会会議紀要」を発出していた。この紀要は、近い将来、大規模な突発的事件が発生する危険性について警鐘を鳴らし、分離主義と違法な宗教活動への警戒を強化するよう指示していた。

ところが新疆の現状に疎い王楽泉らが、愚直に治安対策を強化し始めると、さらなる反発を招く悪循環を生み、結果として紀要で懸念されていた大規模な突発的事件が現実のものとなった。イリ地方の中心都市グルジャ（伊寧《イーニン》）において、一九九六年八月、数百人規模のデモが発生し、翌年二月にはさらに多くのウイグル人らが参加するデモが巻き起こった。世にいうグルジャ事件（伊寧二・五事件）である。

禁止されるささやかな娯楽、サッカー

グルジャとは、一九四四年に「東トルキスタン共和国」の建国が宣言された地である（序章参照）。隣国ロシアとの国境近くに位置することから、歴史的にロシア、ソ連の影響を色濃く受けてきた。一九八〇年代に入り、国境が開放され、貿易が再開されると、ソ連およびその後に成立した中央アジア諸国に面する玄関口となった。商人の往来が活発で、人々の服装には西側の流行がいち早く取り入れられ、中国内地から来た漢人が驚くほどであった。外国の影響が浸潤していた地域であったため、カザフスタンはじめ中央アジアの独立国から受

ける刺激も強かった。ウイグル人住民のあいだでは、なぜカザフ人やキルギス人は国家を持てたのに、自分たちは持てないのかという不満が渦巻いていた。政府側もまたこうした「分離主義」的傾向に対し、警戒を強めていたのであった。

このときグルジャの地元政府がとくに警戒したのが、ウイグル人の一種の民間習俗、メシュレプであった。メシュレプとは、余暇に仲間同士で集まり、食事や娯楽をつうじて親睦を深めるもので、当時、サッカーを交流手段とするメシュレプが、若者のあいだで広がりを見せていた。多くのウイグル人が集まって団結を強めることに、政府側は不信感を募らせた。折しも中央七号文件が下達《かたつ》され、大規模な突発的事件の芽を早いうちに摘み取らなければならないといわれていたときのことである。一九九六年八月中旬、メシュレプの指導者アブドゥヘリルが突然逮捕され、サッカー大会は禁止になった。

これを受けて、アブドゥヘリルの釈放とサッカーの合法性を主張する市民が、街頭で抗議し始めた。政府はこれを催涙弾で鎮圧し、数百人を拘束したといわれる。ところが、逮捕されたアブドゥヘリルは逃走に成功した。水谷尚子が関係者にインタビュー調査したところによれば、アブドゥヘリルは監獄で断食し、極度の栄養失調で病院に運ばれ、意識を取り戻した後、こっそり行方をくらましたという。しかし潜伏中にこれ以上の逃亡は不可能と観念したアブドゥヘリルは、ただ黙って逮捕されるより、デモの先頭に立とうと覚悟を決めた。日頃から民族間の不平等に不満を蓄積させていた現地の民衆、とくに若者が後に続いた。
こうして一九九七年二月五日、グルジャ事件（伊寧二・五事件）として知られる大規模デモが発生した。政府の対策の結果、恐れられていた大規模な突発的事件が起こったという意味では、まさに予言の自己成就であった。

グルジャ事件の顚末

デモは四日間続けられ、衝突から鎮圧に至る過程で多数の犠牲者が出る事態になった。体制側の文献によれば、デモ隊が暴徒化し、分離主義者による破壊活動が起こった結果、一九八人あるいはそれ以上の市民（うち大多数が漢族）が負傷し、七人の漢族市民が犠牲になったとされる。もっとも中国の刊行物は、巻き添えになった無辜の市民の被害のみを記載する傾向があり、彼らのいう「暴徒」の側の死傷者数については沈黙している。目撃者の証言によれば、鎮圧部隊が包囲したデモ隊に対し放水したという。放水といえば平和的に聞こえるかもしれないが、氷点下の屋外で冷水を浴びせられ、多くの人が凍え死んだという。

事件直後にグルジャに急行したラビア・カーディルは、デモは平和的におこなわれたとし、衝突と鎮圧の過程で行方不明になった者は約八千人にのぼったと主張している。後に世界ウイグル会議が発表したところによれば、ウイグル人側の被害者数は、死者が少なくとも百人、死刑宣告を受けた者が少なくとも二百人、逮捕者が約四千人であったという。

情報統制のため、正確な数字はわからないが、事件の過程で多くの人が拘束されたことは、前出の水谷のインタビュー調査からもうかがえる。生存者の証言によれば、デモの初日の昼ごろに拘束された七百人は、一箇所に収容できず、グルジャ周辺の監獄に分散させられたという。そこでの拷問《ごうもん》は想像を絶するものであった。デモの指導者アブドゥヘリルは、グルジャの南にあるチャプチャル監獄の水牢で絶命したとされる。

これだけの事件が、さらなる波紋を呼ばないはずはなかった。二月二五日、ウルムチで三台のバスが爆破される事件が起こり、多くの市民が巻き添えになる痛ましい事件が起こった。時あたかも鄧小平が亡くなり、北京で追悼集会が営まれているときのことであった。この機に共産党に一矢報いようとしたのであろう、各地で襲撃事件、暗殺事件、爆破事件などが空前の頻度で発生するようになり、三月には北京でもバス爆破事件が発生した。後に「テロ事件」と認定された事件は、一九九七年前半だけで五六件にのぼり、四二人が犠牲になったと発表されている。こうした状況を受けて、政権側による取り締まりも一段と厳しさを増すこととなった。鄧小平亡き後、同年七月一日の香港返還にかけて、中国の国家統一に国際的注目が集まるなか、政権側も鎮圧に躍起になった。

取り締まりの強化と相次ぐ逮捕

王楽泉率いる自治区指導部は、グルジャ事件後の治安の悪化にひるむことなく、取り締まりの強化を続けた。この時期の指導部がとくに念頭に置いていたのは、ソ連解体の教訓なるものであった。ソ連の轍を踏まないために、「分離主義者」の抗議行動には苛烈な鎮圧で応じるべきであると考えられていた。しかも「中央七号文件」において、分離主義と違法な宗教活動への警戒を厳にせよと党中央が命じていたことも重なった。一九九七年四月には全人代常務委員長の喬石《きょうせき》が新疆を訪れ、「分離主義」の活動に徹底的打撃を与えるよう述べた。喬石は六四天安門事件に際して民主化を要求する学生に同情的であったことで知られる。そのような人物も、新疆問題に関しては徹底的な弾圧を支持していた。

王楽泉（2003年９月11日。写真：ロイター/アフロ）

そのため王楽泉指導部は、取り締まりの漏れを恐れることはあっても、いきすぎによる弊害を恐れる必要はなかった。「分離主義」の定義も、厳密に小さく限定する必要はなかった。「分離主義」の取り締まりという大義名分があれば、たとえ冤罪が混ざっていても、幹部の責任は問われなかった。いうまでもなく、容疑者個人の人権より、統治秩序の安定、国家の統一の維持が重要と見なされていたからである。

こうして「分離主義」の定義は曖昧なまま、疑わしきは罰する方向で、取り締まりの範囲が拡大していった。その結果、これまで存在が許容されていた体制内のエリートのなかにも、王楽泉のもとでは警戒され、逮捕される人が出るようになった。とりわけ幹部として内部情報にアクセスできる立場にいたことがある人、外国とも接点を持つ人などは、外国の組織と結託して新疆の分離独立を企んでいるのではないかと疑われた。このとき不幸にも拘束された人のなかには、東京大学大学院人文社会系研究科博士課程に留学していたトフティ・テュニヤズのような、日本にゆかりのあるウイグル人も含まれていた。

トフティはグルジャ事件から一年後の一九九八年二月、資料調査のため新疆に一時帰国していたところを逮捕され、九九年三月、国家分裂煽動罪と国家機密不正取得罪で懲役一一年の判決を受けた。しかし有罪判決の根拠となったのは、新疆の文書館における目録の複写と、日本におけるシルクロード関係の著書の出版計画に過ぎなかった。中国の法律に照らしても冤罪であるというのが、判決書の内容を検討した東京大学の指導教授を中心とする支援グループの見解である。

トフティはもともと全人代の民族委員会ではたらくエリートで、セイフディンの秘書を務めたこともあった。しかしセイフディンは、九〇年代後半にはすでに往年のような影響力を失っており、トフティを庇護することはできなかったようである。トフティは妻子を日本に残したまま、以後一一年間を獄中で過ごし、釈放後亡くなった。

ラビア・カーディルの失脚

トフティの逮捕は一例に過ぎなかった。一九九九年八月には、ラビア・カーディルも逮捕された。政治協商会議の委員の地位を与えられていたラビアは、ウイグル人をとりまく状況に心を痛めていた。ラビアの自伝によれば、グルジャ事件後、苛烈を極めた弾圧について独自で調査をおこない、アメリカに亡命していた夫シディックに中国の新聞記事のコピーを送り、さらにウルムチを訪問中のアメリカ議会の使節団に面会しようとした。しかし面会場所のホテルにたどりつく寸前で、道路を逆走する車がラビアの乗ったタクシーに突っ込んでくる事態が発生した。ラビアは九死に一生を得たものの、その場で警官に取り囲まれ逮捕されたという。

ラビアの逮捕は、政治協商会議の委員の立場で知り得た情報をもとに新疆の実情を告発しようとしたためと考えられる。しかしその情報にどれほどの国家機密が含まれていたかは不明である。ラビアの自伝によれば、逮捕後、彼女は薬で眠らされ、そのあいだに警察が彼女

ロナルド・レーガン・ワシントン・ナショナル空港で歓迎されるラビア・カーディル（中央右から２人目）（2005年３月18日。写真：ロイター/アフロ）

の服のなかに新聞記事の入った封筒を滑り込ませ、その封筒を取り出す様子が撮影されたという。アメリカ国務省によれば、ラビアが提供しようとして問題視された資料は、単なる新聞記事のコピーで、公開情報に過ぎなかったようである。

二〇〇〇年三月、ラビアは国家機密不正取得の罪で懲役八年の判決を受けた。しかし彼女の場合、刑期をまっとうすることなく、二〇〇五年三月に突然釈放され、病気療養を名目にアメリカに移送された。アメリカのライス国務長官の訪中を控え、中国が取引に応じたからであるといわれている。

その後のラビアは、世界ウイグル会議の議長となって、アメリカを拠点にウイグル人の人権状況を告発する活動で指導的役割を果たすようになる。在外ウイグル人社会では、トルコやドイツなど各地につくられた組織の統合が進み、二〇〇四年に世界ウイグル会議が結成されていたが、チベットにおけるダライ・ラマのようなカリスマ的指導者がいなかった。その点、ラビアはノーベル平和賞候補にもなり、知名度抜群であった。中国がラビアを野に放ったことの意味は大きなものがあったといえよう。

江沢民の新疆視察と幹部の引き締め

このようにグルジャ事件後、共産党政権はラビア・カーディルのような忠誠心が疑わしい民族エリートを投獄したが、このとき共産党は、彼らの言葉でいう「幹部の質の向上」に注力していた。一部の幹部を排除すると同時に、「幹部隊伍の建設」が図られたのである。

一九九八年七月、グルジャ事件後はじめて新疆を視察した江沢民は、幹部のマルクス主義理論の水準、政治的な意識を高めることの重要性を指摘した。このとき江沢民は、幹部が「民族分離主義」への反対、安定の維持という重責を担う際に、政治的な強さがなくてはいけないと主張した。そして新疆全域の党員幹部、とりわけ領導幹部は、「民族分離主義」に反対し祖国の統一を守る戦いの第一線に立っていることを自覚し、マルクス主義の無神論を堅持し、宗教を信仰せず、宗教活動に参加しないよう呼びかけた。それと同時に、幹部の団結、とくに少数民族幹部の養成を引き続き重視すべきこと、県、郷、村といった基層の党組織の建設を強化し、各民族の大衆に対する思想工作、組織工作をしっかりとすること、幹部は大衆の声や要求に耳を傾けるべきであることなども指摘された。

こうして幹部の任務が再確認され、引き締めが図られた。幹部は大衆の声や要求に耳を傾けるべきであるという文言も見られたが、実際にはその声や要求は、体制の枠組みのなかで許容されるものに限られていた。「民族分離主義」につながる要求と思われれば、幹部は断固反対しなければならなかった。その結果、現地民族幹部は事実上、社会の声を上に届ける役割を果たさなくなり、もっぱら上からの指示や宣伝を社会に伝える役割に徹するようになった。現地社会の声を代弁して党中央に改善を要求しようとする、第二、第三のラビアは登場する余地がなくなった。

兵団の領導の強化

共産党は幹部、とりわけ少数民族幹部の引き締めを図る一方で、新疆生産建設兵団の領導を強化した。漢人が主体の兵団は、党が異民族に対する統治秩序を維持するうえでやはり頼りになる存在であったのであろう。江沢民は、一九九七年五月二〇日に開催された中央財経領導小組の会議において、前漢に始まる歴代の中国王朝が国策として屯田をおこなってきたことに触れ、屯田の強化が我が国の辺境防衛と西部の安定にとって有利であることは、歴史と党のこれまでの実績が証明していると述べた。このような兵団の存在意義は、以前から鄧小平や王震らが指摘していたことでもあったが、グルジャ事件後、江沢民がとくに声高に強調するようになった。

江沢民のイニシアチブのもと、中国共産党中央、国務院は同年一〇月一〇日、新疆生産建設兵団の工作のさらなる強化に関する通知を発出した。この通知は、兵団が新疆社会の安定にとって重要な意義を持っていることを確認したうえで、兵団に対する自治区党委員会と人民政府の領導を強化しなければならないことなどを指摘した。さらに通知では、新疆ウイグル自治区党委員会書記が、兵団の党委員会書記および政治工作を所掌する第一政治委員を兼任することも明記された。

これはすなわち、自治区書記の王楽泉が兵団の指導者であることを明確にするものであった。王楽泉は江沢民に巧みに取り入っていたことで知られる。江沢民も王楽泉の意に応え、王楽泉に兵団の全権を委ねたのであろう。かくして兵団の指揮命令系統は、江沢民の信任を受けた王楽泉の領導のもとに置かれることが明確になり、王楽泉指導部の強権化の傾向が一段と強まることとなった。

「テロ」という概念の広まり

グルジャ事件後に見られた、もうひとつの大きな政策的変化が、「テロ」（中国語では「恐怖」）という概念が急速に普及するようになり、「反テロ」が政策の柱になったことである。それ以前は、新疆の「分離主義」を「テロ」ないし「テロリズム」という言葉で形容することは、公式にはほとんどおこなわれていなかった。

一九九一年のソ連解体後、盛んにいわれていたのは、パン＝テュルク主義（大トルコ主義）、パン＝イスラーム主義への警戒であった。前者はウイグル人、カザフ人、トルコ人などテュルク系ムスリムの連帯を、後者はイスラームを信仰するムスリムの連帯を理想とする思想である。いずれも一九世紀以来の歴史ある思想で、必ずしも中国と敵対するものではなかったが、ソ連解体の衝撃に揺れた当時、江沢民政権はこれらの思想を「二つのパン」（双泛）と呼んで大いに敵視した。「二つのパン」に影響されたウイグル人が、中央アジアあるいはトルコの諸勢力と大同団結し、「東トルキスタン」の独立運動を展開するのではないかと思われたからである。

そうしたなか、ウルムチのバス爆破事件に見られるような無差別な爆破事件が社会の注目を集めるようになると、これはもはや「テロ」であるとの見方が広まった。「分離主義」的な反体制運動に、新たに「テロリズム」の形容が付されるようになったのである。江沢民もそのような考えにのっとり、一九九八年七月に新疆を視察した際には、「暴力テロ事件」「暴力テロ犯罪分子」などの表現で「テロ」の語を使用している。江沢民政権は、「分離主義者」

が「暴力テロ事件」を引き起こして「新疆独立」の動きを加速させようとしているとの認識を強めていたのである。

この「テロ」という概念の広まりは、多分に当時の中央アジア諸国およびロシアの情勢の変化に沿ったものでもあった。中央アジア諸国は人口の大多数をイスラーム教徒（ムスリム）が占めるが、体制は世俗的であり、イスラーム原理主義勢力の拡大に対し懸念を強めていた。一九九九年二月にウズベキスタンの首都タシュケントで発生した爆弾事件では、同国政府は「ウズベキスタン・イスラーム運動」と呼ばれる組織がおこなった「テロ」と断定し、対決姿勢を強めた。さらに同年八月には、キルギスでもこの「ウズベキスタン・イスラーム運動」の犯行と見られる日本人技師人質事件が発生した。ロシアもまたこの年、チェチェン独立派にイスラーム原理主義勢力が浸透している状況を座視できず、第二次チェチェン戦争に突入した。

これらイスラーム原理主義勢力は、アフガニスタンのタリバーン政権と関係を結び、さまざまな支援を受けていたといわれる。グルジャ事件後、新疆から国外に逃れた、「トルキスタン・イスラーム党」（TIP）を名乗る活動家らも、そうしたネットワークのなかに入っていった。「トルキスタン・イスラーム党」はタリバーンの庇護を受け、新疆を脱出した活動家を吸収し、その周囲にはさまざまな組織が結集するようになった。中国はこれらの諸勢力を「東トルキスタン・イスラーム運動」（ETIM）と総称し、「テロ組織」として非難した。

上海ファイブから上海協力機構へ

こうした情勢の変化を受けて、国際的に跳梁跋扈《ちょうりょうばっこ》する「テロ勢力」を封じ込めるという大義名分のもと、中国は同じく「テロ」の脅威を受けている中央アジア諸国やロシアと協力を強化した。中国、ロシア、カザフスタン、キルギス、タジキスタンが参加する上海ファイブは、一九九九年には分離主義、イスラーム原理主義と並んで、「テロリズム」を共通の敵と見なすようになった。上海ファイブはもともと国境地帯における信頼醸成と国境画定のための首脳会合であったが、「反テロ」の面で各国が協力するためのプラットフォームに発展した。そして二〇〇一年六月、この上海ファイブにウズベキスタンを加えた上海協力機構が成立すると、テロ活動、民族分離主義、宗教過激派に共同対処することが表明され、国際「反テロ」協力の枠組みとしての性質を強めた。

その後、二〇〇一年九月一一日にハイジャックされた民間航空機がニューヨークの世界貿易センタービル、ワシントンの国防総省ビル等に墜落する同時多発テロ事件（九・一一事件）が起こると、アメリカが大々的に「テロとの戦い」を掲げるようになった。これにより中国はアメリカとも「反テロ」の面で協調することが可能となった。早くも事件翌月の一〇月の米中首脳会談において、両国政府はテロ根絶に向けた共闘を強化する方針を明らかにしている。中国側はウイグル人の「テロ」事件、「テロ」組織に関する情報公開を進め、敵がいかに残虐であるかを宣伝し、アメリカの敵であるアルカイダと中国の敵である「東トルキスタン・イスラーム運動」が互いに協力していることを指摘した。

二〇〇二年八月、アメリカは中国の協力と引き換えに、中国が「テロ組織」であると主張する「東トルキスタン・イスラーム運動」を自国の「テロ組織」のリストに加えた。「東トルキスタン・イスラーム運動」が「テロ組織」に認定されたことは、取りも直さず、新疆における分離主義勢力との戦いが、「テロとの戦い」として国際的に承認されたことを意味していた。

「テロとの戦い」の定式化

九・一一事件後、アメリカを中心とする西側世界が「反テロ」に突き進むなか、中国国務院新聞弁公室は二〇〇二年一月二一日付で『「東トルキスタン」テロ勢力の免れ難い罪責』と題した資料を発出した。この資料は、新疆の問題を「テロ」という側面からとらえ直し、中国政府の立場を発信すべく作成されたと見られ、一九九〇年代以来の襲撃事件、暗殺事件、爆破事件等々がすべて「テロ事件」として総括されている。

具体的には、一九九〇年に起こったバレン郷事件以来の二百件以上の暴力事件が「テロ事件」であったとされ、これらの「テロ事件」により各民族の大衆、基層幹部、宗教人士ら一六二人が犠牲になり、四四〇人以上が負傷したことが強調された。バレン郷事件に関しては、農民による抗議の面は捨象され、「悪性のテロ事件」と断定された。事件の首謀者である「東トルキスタン・イスラーム党」のメンバーは「テロリスト」とされ、彼らが自動車を破壊したり、警察を殺したりした点に力点を置いた説明が加えられた。他の事件についても同様で、「テロリスト」の行為により、いかに多くの損害、犠牲が発生したかが記述の要点となっている。

この資料の結びでは、各民族人民の生命、財産、安全を守るため、「東トルキスタン・テロ勢力」の「テロ活動」に対し、法に基づき、断固打撃を与えるとした。一方、打撃の対象は事件を指揮した中核メンバーに限られるとし、騙されて「テロ活動」に参加した大多数の人には教育を施し、彼らが改心して正しい道に戻ること（改邪帰正）を歓迎すると表明された。前段の断固打撃を与えるという部分は、「テロ事件」の被害者の側に立ち、「テロリスト」に対し断固立ち向かうという、九・一一事件後のアメリカの立場にもつうじるところがある。後段の教育によって改心させるという部分は、中国共産党がかつて右派や地主階級などにおこなってきた改造を彷彿させるもので、近年の「職業技能教育訓練センター」における再教育にもつながる重要な点である。

ところで、そもそも「テロリスト」がなぜ一九九〇年のバレン郷事件で突如として出現したかについては、この資料は黙して語らない。一九八〇年代に起こっていた数々の抗議、デモ、暴動（第3章参照）については、なんの言及もない。産児制限の実施、移民の増加、非民主的な政治等に対する現地ムスリムの抗議が一方的に鎮圧されたこと、政権との対話は不可能と悟った人が自殺的な抵抗運動に身を投じるようになり、政権のいう「テロリスト」と化していったことなどについては触れられなかった。「テロリスト」が生み出された構造的要因については、中国共産党の無謬性の観点から論じようがなかったのである。

「三つの勢力」への対決姿勢

九・一一事件後、世界的に「反テロ」の潮流が形成されるなかで、「テロ」と宗教が関連のあるものとして広く認識されるようになった。九・一一事件を起こした勢力がイスラーム原理主義の影響を受けていたこともあって、「テロ」と宗教が結びつけられて警戒されたのである。これによって世界各地で、「テロ」と無関係のムスリムに対しても偏見が強まるなどの弊害が見られるようになったことが知られる。

中国の場合、「反テロ」の世界的潮流を受けて、新疆で起こった数々の「テロ事件」の背後に宗教過激派がいるという認識が強まり、宗教への引き締めがいち早く強化された。一二月一〇日、九・一一事件から三ヵ月も経たないうちに、江沢民が全国宗教工作会議において「宗教問題を論ず」という演説をおこなった。そのなかで、江沢民は九・一一事件を画策した「テロリスト」が全員「宗教極端分子」であったとして、宗教問題に取り組むことの重要性を強調した。また国外の敵対勢力が宗教を利用して中国共産党政権を転覆させるため、「ダライ・ラマ集団」と「東トルキスタン・テロ勢力」が分離運動を進めることを支持していると主張した。こうした観点からとくに、宗教工作に対する党の領導、党の宗教政策の宣伝教育、党と宗教界の愛国統一戦線などの強化が指示された。

これを受けて、二〇〇二年一月二〇日、中国共産党中央、国務院は、宗教工作の強化に関する決定を発出した。決定は江沢民の演説に沿って、宗教に対する管理、農村の宗教工作、宗教工作に対する党の領導などの強化を指示した。決定は、江沢民政権によって邪教とされた法輪功への対策を念頭に置いたものであった。しかし「ダライ・ラマ集団」と「東トルキスタン・テロ勢力」についても、宗教を利用して分裂破壊活動と暴力テロ活動を進めているとされた。とくに新疆に関しては、「民族分離勢力、宗教極端勢力、暴力テロ勢力は往々にして宗教を看板に掲げて、暴力テロを手段とし、祖国からの分離を目的とする」と論じた上で、「我々とこの三つの勢力及びこれを支持する国際反中勢力との闘争は、敵対的矛盾の闘争であり、旗幟《きし》鮮明にして対決し、主動的に対処しなければならない」と主張した。

かくして中国は「宗教極端勢力」（宗教過激派）への対決姿勢を強めた。この「宗教極端勢力」と「民族分離勢力」「暴力テロ勢力」をあわせた「三つの勢力」（三股勢力）という表現は、徐々に敵対勢力の総称として固有名詞化していく。そして「三つの勢力」の三つが混ざりあい、ウイグル人に対する偏見も助長された。とくに髭《ひげ》をはやした敬虔なウイグル人は「テロリスト」ではないかと疑われるようになり、同様な偏見は中国国内にとどまらず国外にまで流布するようになった。それに対し、「三つの勢力」と断固戦う中国は、当時の「対テロ戦争」の時流にうまく乗った格好となった。

実際に中国の立場は、当時の国際政治の舞台で広く理解されようとしていた。上海協力機構はまさにこの「三つの勢力」を明確に共通の敵と見なし、これを共同で弾圧するための法整備を進めた。「テロとの戦い」を展開する欧米でも、「テロ事件」を起こしたとされるウイグル側の訴えに耳を傾けるより、「反テロ」を標榜する中国政府の立場に理解を示す傾向が強まった。結果として、グルジャ事件の鎮圧の過程で見られた暴力、人権侵害をめぐっても、中国は「反テロ」というお墨付きを得て、国際社会からの非難を免れた。六四天安門事件のときとは、明らかに異なる国際環境が現出していた。二〇〇〇年代前半をつうじて、新疆における「テロ対策」は国際的な承認をとりつけ、すべては政権の思惑どおりに進むかのように見えた。

2　西部大開発による矛盾の増幅

西部大開発の発動

グルジャ事件後、二〇〇〇年前後にかけて、新疆政策にはさまざまな変化が見られたが、もうひとつ重要な点が、西部大開発の名のもとで、経済開発のテンポがさらに速められたことである。西部大開発とは、中国の西部一帯を重点的に開発する国家戦略であり、一九九九年一一月、中央経済工作会議で公式に提起され、二〇〇〇年三月に全人代を通過後、二〇〇一年に始まる第一〇次五カ年計画の柱となった。ここでいう西部とは、四川、雲南、甘粛など中国の内陸部を広く含むもので、新疆のみを対象としたものではない。しかし基本目標として、民族自治地域の貧困を克服することが掲げられており、新疆の経済そして現地ムスリムの暮らしにも大いに関係していた。

第3章でも述べたように、江沢民政権は一九九〇年代前半から新疆の政治的安定のためには経済発展が必要であると考え、治安政策の強化とともに経済政策を重視してきた。そのためのインフラ建設として、一九九〇年代後半にはトルファンとカシュガルを結ぶ鉄道、すなわち南疆鉄道の建設が進められていた。この鉄道は、トルファン＝コルラ間が早くも一九七〇年代に建設されていたが、まだ敷設されていなかったコルラ＝カシュガル間の建設が、第九次五カ年計画（一九九六年から二〇〇〇年の五年間）の重点項目に位置づけられ、九六年九月に着工し、九九年一二月に全線が開通した。

西部大開発が始まると、その目玉事業として「西気東輸《せいきとうゆ》」プロジェクトが注目を集めた。「西気東輸」とは西部の天然ガスを東部に輸送するという意味で、さまざまなプロジェクトの総称である。そのうち最大のものが、新疆南部のタリム盆地のガス田から上海に至る天然ガス・パイプラインを建設するという壮大な計画であった。この計画は、早くも二〇〇〇年に基本設計が完了し、二〇〇二年にシェルとの合弁で一部が着工され、二〇〇四年に完成を見た。全長は約四千キロメートルに達し、山を三つ、川を五つ、さらに黄土《こうど》高原と江南《こうなん》の運河を越える大工事であったことから、「三山一原、五越一網」と謳われた。

先富論と資源収奪の認識

「西気東輸」が世紀のプロジェクトであったことは疑いない。これにより中国全体から見れば、沿海部の大消費地に石油、天然ガスを供給するエネルギー基地としての新疆の位置づけが、いっそう強化されることとなった。一方、新疆の現地ムスリムのあいだでは、漢人による新たな資源の収奪ではないかという疑念が高まったことも否めない。

政権側は西部大開発において、内陸部と沿海部の経済格差の是正と貧困の克服を大義名分に掲げていた。その理念的な背景として、先富論という考え方がある。先に発展した地域が、立ち遅れた地域を支援し、最終的に皆が豊かになること、すなわち「共同富裕」を実現するという議論である。これは鄧小平が提起して以来、江沢民政権下でも繰り返し指摘されていた。

しかし新疆の場合、単に先進地域からの支援をあてにする後発地域とはいえなかった。石油、天然ガスを供給するエネルギー基地でもあるだけに、沿海部から新疆にどの程度の利益が還元されるのかに自ずと注目が集まった。そのため政府の側も、二〇〇三年に発表された『新疆の歴史と発展』白書において、タクラマカン砂漠を南北に縦断する砂漠石油道路は、タリム油田が出資した七億八五〇〇万元で建設されたとして、地元のインフラ整備への還元を宣伝した。また「西気東輸」プロジェクトだけで、新疆の財政収入が毎年十数億元も増えたとして、「西気東輸」が現地の経済発展に大いに貢献しているとも主張した。

たしかに石油・天然ガス産業やインフラの建設が進む過程で、新疆への投資は伸びていった。新疆経済は成長を続け、ウルムチなどには高層ビルが建つようになった。それと同時に貧困対策も推進され、人々の生活水準の底上げも図られた。テレビ、ラジオなどの普及を目的とする「西新工程」（チベット・新疆プロジェクト）が二〇〇〇年から始まったこともあって、都市部ではカラーテレビが、農村でも白黒テレビがかなり普及したようである。

それでも新疆の人々のあいだに、利益が還元されているという実感がどれほどあったかは不明である。むしろ沿海部に利益が吸い上げられる構造が定着するなかで、新疆と沿海部の格差、さらには民族間の格差が拡大し固定化するような印象が広まった。石油・天然ガス部門にせよ、党組織にせよ、指導者は主として中国内地、とりわけ沿海部から来た漢人であったからである。他方、現地ムスリムの労働者は、日々の生活のなかで、社会の要所に配置された漢人幹部に見下されているという感情を強めた。漢語（中国語）が不自由な現地ムスリムには、実際のところ社会的上昇の道が非常に限られていた。

結局のところ先富論の建前では、内地の後発地域の人心を慰撫することはできても、民族の分断を抱える新疆において、ムスリム大衆の不安を完全に払拭《ふっしょく》することは難しかった。資源に関わる問題は資源ナショナリズムにつうじるものがあり、新疆が中国の一部であることをなおも承服できずにいる現地ムスリムのあいだでは、この資源は本来自分たちのものであるという認識があった。隣の中央アジア諸国が資源を活用して、独立後の経済建設を進めていたことも関係していた。

現地民族の幹部がこうした経済政策の決定過程に携わることも難しかった。二〇〇〇年に北京に設置された中央新疆工作協調小組には、自治区の党委員会から王楽泉書記が副組長として加えられていたが、自治区の人民政府主席など新疆出身の民族幹部は加えられていなかった。この協調小組は中央政法委員会の書記(当時、羅幹《らかん》)が中心となり、党中央、国務院、武装警察部隊など各部門とのあいだで横断的に政策を調整するものであった。そのメンバーにひとりも新疆の民族幹部が加えられていないということは、もはや現地民族社会の声を政策調整に取り入れる発想がなかったことを示している。

タリム川の水資源をめぐる矛盾

以上の地下資源の問題と並んで重要なのが、水資源の問題である。とくに反発の大きかったのが、タリム川の水資源の枯渇問題である。大河タリム川は、タリム盆地西部で崑崙、天山の雪解け水を集めた後、タリム盆地の北縁を西から東に横断し、海に到達せずに砂漠に消える。その末端には、「さまよえる湖」として有名なロプノール湖がかつて存在し、流路が変わることで消長を繰り返してきたことが知られる。二〇世紀後半になると、開発の進展によりタリム川の水量の減少が深刻になった。八〇年代には上流域のダム建設、また兵団による取水量の増加に対し、下流のロプノール(尉犁)県などでは、現地の農民が抗議をおこなうようになった。しかし抗議もむなしく、九〇年代にはいよいよ下流域の農牧業が立ちゆかなくなった。兵団の農場でさえ、水不足にあえぐありさまであった。

こうなると一般の庶民には、なすすべがなかった。兵団の農地は孔雀川という別の水系から供給を受けたが、その他の農地は荒廃し、集落ごと打ち捨てられるケースが見られるようになった。二〇〇一年に中国と合同で制作されたＮＨＫの「タクラマカン砂漠大紀行　〜消えゆく大河を追う〜」は、住民がほとんどいなくなった下流の村を取材している。そこで日中の取材班が出会ったのは、住み慣れた村を離れられず、ひとり残った老人であった。老人はかつて川に水があった頃に使っていた木の小舟をまだ残していた。いつかまた川に漕ぎ出す日が来ることを心待ちにしていたのである。

実はこの前年、二〇〇〇年から、時期を定めた計画的な放水によりタリム川末端の状況を改善する措置がおこなわれ始めていた。政権側も状況を無視できず、完全な開発優先ではなく、彼らなりに流域の環境や人々の暮らしに配慮を見せるようになったのである。二〇〇一年には、新疆ウイグル自治区政府と水利部がタリム川の水利に関する当面の計画をとりまとめ、国務院が承認した。これにより水資源の統一管理を強化し、灌漑《かんがい》農地をこれ以上拡大させないことが決定され、途中で水をせき止めていたダムからの計画的な放水も始まった。こうした方針の修正があったため、ＮＨＫも取材をし、老人も取材に答えることができたのである。もっとも、計画的な放水だけでは、老人が望むようなかつての川の姿が取り戻されることはなかった。

ところでタリム川の問題は規模の大きさゆえに中央政府も注目し、特別に配慮されたが、実際にはそれ以外の問題も多々存在していた。一九九〇年代後半以降、中央政府も王楽泉指導部も兵団に、そして内地から来た企業に対し、開発に邁進《まいしん》するよう発破をかけていた。これにともない、俗に「一黒一白」と呼ばれた石油(黒)、綿花(白)、それからレアメタルの採掘など無秩序な開発の弊害が至るところに現れるようになった。

後に国外亡命した中国籍カザフ人のサイラグル・サウトバイは、一九九七年頃を振り返って、乱開発の結果、故郷の村の泉が涸《か》れ、川が干上がり、飲み水にも事欠くようになったと述べている。民族区域自治法第二七条には、草原や森林を破壊し農地を開墾することを厳禁すると明記されている。しかし実際には経済発展の掛け声にかき消され、同法の規定はなおざりにされていたのである。

こうした事態に対し、現地ムスリムの側が訴えを起こすことは難しかった。漢人、とくに兵団の存在を攻撃していると受け取られたら、「分離主義者」のレッテルを貼られかねなかった。そのため多くの場合、現地に代々暮らしてきたムスリムの側が泣き寝入りし、生活を変えることを余儀なくされ、不満を蓄積させたのであった。こうして開発を推し進める政府と、それによって不利益を被る人々のあいだの矛盾が増幅された。現地社会の実情に疎い王楽泉を指導者に据え、開発に邁進させたことの弊害が、社会の隅々に現れてきたのである。

漢語中心の二言語教育の展開

江沢民政権の掲げる西部大開発は、単に経済開発にとどまらなかった。経済発展を実現するための人材育成や環境、条件の整備をともなう包括的なものであり、その影響は多方面に及んだ。教育の分野もそのひとつであり、この時期とくに見逃せないのが二言語教育（双語教育）の変革である。ここでいう二言語教育とは、漢語を母語としない民族の子どもに、その民族の言語と漢語（普通話）の双方を教える教育を指す。新疆では早くも一九五〇年代に始まり、漢語が堪能《たんのう》なバイリンガルの人材を育成し、民族団結の強化に役立てる見地から推進された。途中、文化大革命期には極端に漢語教育に傾き、ウイグル語、カザフ語などの民族語教育が排撃されることもあった。しかし一九八〇年代から九〇年代にかけて、現地民族の子どもが学ぶ学校では、主に民族語で授業がおこなわれ、漢語は第二言語として教えられる状況が広がるようになった。

こうした状況は、政権側から見れば、少数民族文化に対する彼らなりの配慮であった。しかし新疆の学校において民族語教育が盛んであったことの背景には、何よりウイグル人をはじめとする民族教育の担い手たちの、自民族の言語教育に対する熱意があったことを忘れてはならない。そもそもウイグル社会には、漢語とは異なる文字文化の歴史があり、序章で見たように、中国共産党に統治されるようになる遥か前から中央アジアに共通の文章語であるチャガタイ語の豊かな文化が花開いていた。ウイグル語による近代的な学校教育の基礎も、一九一〇年代以降、新方式教育が開始され、ウイグル人の主導により、民族語初等教育が確立した経緯がある。中国共産党の統治下に入ってからも、現代ウイグル語による文学、創作活動、そして教育は、旺盛《おうせい》な主体的意欲をもっておこなわれた。文化大革命によって傷つけられ、踏みにじられても、ウイグル語文化は死なず、蘇った。そこには世代を超えた自民族の言語文化の継承を願う知識人、教育者たちの不屈の精神があった。

しかし一九九〇年代後半、新疆情勢が不安定化し、江沢民政権が国家の統一維持、民族団結の強化をこれまで以上に意識するようになると、教育分野も変革の対象となった。一九九九年、西部大開発の始まりに前後して、政権は漢語教育を強化する方向へ舵を切った。同年九月、「少数民族地区の人材養成工作のさらなる強化に関する意見」が国務院から発出され、国家の統一、安定、団結といった観点から、内地の高等教育機関で少数民族の学生、教員、幹部などを受け入れる政策が拡充された。これを受けて二〇〇〇年以降、北京、上海、天津《てんしん》など沿海部の都市の高校に「新疆班」（新疆クラス）を設置し、新疆の中学校を卒業した少数民族の生徒を毎年千人受け入れさせる政策がとられるようになった。

この政策は次の胡錦濤政権にも継承された。新疆の教育現場でも漢語の使用範囲が広げられ、二〇〇〇年代前半には新疆大学はじめ主要な大学の授業言語が、一部科目を除き、基本的に漢語に切り替えられた。二〇〇四年三月には、新疆ウイグル自治区党委員会・人民政府が「二言語教育工作の大幅な推進に関する決定」を発表し、新疆の全学校の授業言語を徐々に漢語に移行させ、民族語は一部の科目として教える方針が打ち出された。具体的には新疆北部の都市部では二〇一〇年までに、それ以外の地域では二〇一六年までに、すべての科目の授業言語を漢語にする計画が示された。その後この方針を達成するため、各地の教育局が学校教師の漢語能力を試験し、漢語能力が不足している教師を転職、退職させるなどの措置もとられるようになった。

こうした政策に対し、現地社会の反応は複雑であった。沿海部の高校に設置された「新疆班」に関していえば、少なからぬ少数民族の家庭がこれに応募したとされる。そこには、子どもに中国社会をスムーズに生き抜いてほしいと考える、親の期待が透けて見える。背景には、漢語が不自由な現地ムスリムが社会的上昇を果たす道が限られている厳しい現実が指摘できよう。

その一方で現地社会では、このままではきちんとした自民族の言語文化を次世代に残せなくなるという、ウイグル人はじめ現地ムスリムの側の危機感がかつてなく高まった。漢語教育が強化されれば、ウイグル人もゆくゆくは漢人に同化されてしまうだろう。ウイグル人にとって自民族の民族言語教育は、共産党政権によって上から与えられたものではなく、共産党がやってくる前から自分たちの手で主体的に創り出され、政権によるさまざまな制約のなかでもり立ててきたものであった。それが政権によって一方的に変更されたのでは、憤懣《ふんまん》やる方なかった。漢語が不得手なために退職を余儀なくされた教員やその家族などの恨みは、相当根深いものがあっただろう。

他方、漢人の側の微妙な心情も看過できない。二〇〇〇年から始まった「新疆班」は、学費、旅費などを政府が基本的にすべて負担する仕組みであった。また一般に少数民族の生徒には、大学入試に際して加点や合格ラインの引き下げといった特別な措置が政策としておこなわれてきた。これら一種のアファーマティブ・アクション（積極的格差是正措置）に対し、漢人側は逆に差別されているとの認識を持った可能性がある。ウイグル人は政策的に優遇されているはずなのに、なぜ「テロ」を起こして国家に反逆しようとするのかという憤りも、彼らの心のなかに徐々に巣くっていった。後述する二〇〇九年ウルムチ騒乱に至る矛盾の構造が、この面でも形成されつつあった。

内地への労働力の移転

西部大開発はまた、新疆の余剰労働力の活用を図る方向にも展開した。これはとくに政権側のいう貧困対策、とりわけ失業率の改善とも関連していた。政権の側から見れば、農村における非農業収入が依然として低いことが問題であり、ほそぼそとした農牧業に頼っている貧困層が経済発展の恩恵にあずかれるようにするための方策が必要であった。そこでおこなわれたのが、新疆の地元政府が貧困層を組織して中国内地の企業に送り出す政策であった。この政策は中国では「労務輸出」といわれるが、ここでいう「輸出」は労働力を送り出すという意味合いであり、国外への移転を指すものではない。

こうした労働力の移転政策は、二〇〇〇年代半ばに主に新疆南部で拡大した。北京大学教授で中国の民族研究を牽引してきた馬戎《ばじゅう》によれば、二〇〇六年には新疆南部の労働者二万一七七一人が職業訓練を受けた後に、北京、浙江《せっこう》、天津、山東などに送り出されたという。沿海部に送り出される労働者が増加すると、地元社会にはさまざまな波紋が生じた。とくに労働者の多くが嫁入り前の若い女性であったため、家族は心配を募らせた。労働者が強制的に連れて行かれたという言説が、ウイグル語のインターネットサイトに見られるようになった。馬戎の論文はまた、カシュガル地区コナ・シャヘル（疏附）県のある郷長の発言として、強制、命令が二～五％存在したという情報も紹介している。これが正しければ、少数とはいえ、みずからの意に反して送り出された者もいたことになる。

一方、二〇〇九年九月に国務院が発表した「新疆の発展と進歩」白書は、もっぱら政策の成果を強調している。白書によれば、二〇〇六年以来、カシュガル地区ペイズィワト県だけでのべ一万九千人の労働者を送り出し、同県が送り出した労働者の年間一人あたりの純収入は七千元を超えるようになった。これは当時、新疆の農牧民の平均収入の倍に相当する額であった。

このように白書では政策の成果が主張されているが、実はこの白書が出される二カ月前に、ウルムチで大規模な騒乱事件が勃発した。いわゆる二〇〇九年ウルムチ騒乱（七・五事件）である。白書はこの事件を受けて、中国共産党の新疆政策の正当性を内外にアピールすべく発表されたのであった。実は、この事件と一連の労働力供出の取り組みには密接な関係があった。広東省に送り出されたウイグル人労働者が現地の漢人労働者に襲撃されたことが、事件の発端となったからである。

二〇〇九年ウルムチ騒乱

襲撃事件の舞台となったのは、広東省韶関《しょうかん》市郊外の香港系玩具メーカー・韶関旭日国際有限公司の工場であった。工場には一万八千人の従業員のうち、八百人のウイグル人が雇い入れられていたといわれる。時あたかも、リーマンショックの煽りを受け、こうした労働集約型産業の雇用には深刻な影響が及んでいた。リストラが進むなか、解雇された労働者のなかには、政策で雇用を守られているウイグル人従業員に怒りの矛先を向ける者もいたであろう。インターネット上では、ウイグル人への誹謗中傷がエスカレートした。

ついに二〇〇九年六月二六日未明、工場でウイグル人が少女を強姦したなどという嘘の書き込みが引き金となり、襲撃、乱闘事件が起こった。新華社の発表によれば、この事件でウイグル人二人が死亡し、漢人を含む一一八人の負傷者が出たという。事件の模様を撮影した動画が拡散すると、たちまち新疆の人々のあいだで波紋を呼んだ。ウイグル人から見れば、政府の政策で出稼ぎに行って、偏見にさいなまれ、中傷を受けて、命まで奪われることは耐え難いものがあったからである。

七月五日、ウルムチ市の人民広場近くから抗議デモが始まった。デモは平和的なデモとして始まったが、解放南路を南下するにつれ、参加者の急増により統制がきかなくなり、警官隊と衝突した。治安部隊が投入され、水平射撃を開始すると、巻き添えを含め逃げ惑う多数の人々が射殺され、あるいは拘束された。群衆の側も暴徒化し、市中心部の至るところで焼き討ちや暴力行為が発生し、鎮圧の過程でさらに多くの死傷者が出た。自治区人民政府主席のヌル・ベクリがただちにコメントを発表し、海外の「三つの勢力」がデマを撒き散らし、

ウルムチ騒乱後、治安部隊に抗議するウイグル人女性（2009年7月7日。写真：AP/アフロ）

人々を煽動していると非難した。

　これが世にいうウルムチ七・五事件であるが、騒乱はこの一日で終わりではなかった。事件の二日後の七月七日、政府がいち早く公開した映像に映る被害者の多くが漢人であったことも関係し、今度は漢人の側が立ち上がったのである。彼らは棍棒や鉄パイプ、シャベルを手に、モスクやウイグル人の商店などを焼き討ちし、報復をおこなった。星野《ほしの》昌裕《まさひろ》が指摘するように、これほどの規模の漢人による騒乱は、予期せぬものであった。マジョリティである漢人が暴徒化したことに、政権側はこれまでにない脅威を感じ取った。このときイタリアを訪問中であった胡錦濤国家主席は、サミットを急遽欠席して帰国した。胡錦濤はみずから安定化に向けた指揮をとり、七月二二日から二五日にかけて新疆を現地視察した。騒乱の犠牲者遺族、治安維持に協力した人々と会見し、現地の人心を慰撫し、西部大開発のいっそうの進展と民族団結、安定の維持を呼びかけた。

しかし胡錦濤の代わり映えのしないパフォーマンスと政策によって、漢人の不満を抑え込むことはできなかった。八月にウルムチ市内で注射針による傷害事件が多発するなど社会不安が高まるなか、九月三日には漢人による数万人規模のデモ、騒乱が再発した。ここにおいて漢人たちは憚《はばか》ることなく王楽泉書記の退任を求める声を上げた。新疆在住の漢人の鬱積《うっせき》した怒りの矛先が、もはやウイグル人だけでなく、暴動の発生を許した王楽泉指導部に向いていることは明らかであった。これに対し政権側は栗智《りっち》ウルムチ市党委員会書記の解任によって事態の鎮静化を図った。なお、このとき後任の書記となったのが、のちに少数民族の収容を指示したことにより、アメリカ、EUから制裁を受けることとなる朱海侖《しゅかいりん》である（第6章）。

果たしてウルムチ市内は次第に落ち着きを取り戻し、王楽泉はこの段階で辞任せずに済んだ。しかし二〇〇九年ウルムチ騒乱は、漢人の不満の大きさを共産党政権に知らしめたという点で、これまでの事件とは異なるものとなった。この事件を境に、新疆在住の漢人の存在感は無視できないものとなり、政権は漢人の側に相当な配慮をすることとなる。その結果、政権が少数民族を優遇する政策をとることは、ますます難しくなっていくのである。

政権側の対応と第一回中央新疆工作座談会

二〇〇九年ウルムチ騒乱を受けた政府の対応は、社会の多方面に及んだ。まず、事件に関わったと見られる人物の摘発が広範囲にわたっておこなわれ、ウイグル人の学者イリハム・トフティのように、独立論者とはいえない人も拘束の対象となった。イリハム・トフティの場合、「ウイグル・オンライン」というウェブサイトを主宰し、言論活動を展開していたことが警戒されたのであろう。

また騒乱の再発を防止する観点から、民族団結教育の強化が進められた。共産党中央と国務院は「民族団結の宣伝教育活動を積極的に展開することについての意見」をとりまとめ、新疆ウイグル自治区民族団結教育条例が二〇〇九年一二月二九日に制定された。経済発展の方針も強化され、二〇一〇年三月末、全国新疆「対口支援」工作会議が開催された。「対口支援」とは、内地の発展した地域が新疆を支援する、地方行政単位同士の支援の枠組みで、日本語ではペアリング支援、一対一支援などと翻訳される。枠組み自体は以前から存在していたが、幹部の派遣、資金提供、技術教育などの面での支援が強化された。

政権側の対応の総まとめとして位置づけられるのが、同年五月一七日から二〇日にかけて開催された第一回中央新疆工作座談会である。この会議で胡錦濤は、西部大開発に代表される経済発展の継続とともに、民族団結の強化による安定の実現などの方針を繰り返し打ち出している。そのなかで前出の「対口支援」の強化のほか、漢語教育を就学前の子どもにも普及させること、新疆の各民族の生活水準を引き上げる観点から貧困対策を拡充させること、新疆の労働力が自発的に内地に移っていくよう組織することなども指摘されている。全体として、今後五年間でインフラを改善し、発展能力を高め、民族団結を強化し、社会の安定を強固なものとする見通しが示された。なお、二〇二〇年までに絶対的貧困を基本的になくすという目標についても、このとき言及がなされた。

こうした方針は、いうならば江沢民時代の新疆政策の延長であり、根本から練り直したものではなかった。江沢民時代に見られた経済発展至上主義的な面は、いっそう強まってさえいた。その一方、第一回中央新疆工作座談会の開催に先立って人事が大きく動いた。一五年にわたって新疆ウイグル自治区党委員会書記の地位にあった王楽泉の解任が四月一〇日に発表され、人々を驚かせたのである。

王楽泉時代から張春賢時代へ

王楽泉は江沢民への忠誠が厚く、その庇護を受けていた。新疆を治めること一五年、新疆王とあだ名されるほど、堅固な支配を確立していた。したがって王楽泉という重しをとることは、新疆の安定のためにも慎重を期さなければならなかった。ウルムチ騒乱後、社会がようやく少し落ち着きを取り戻したところで、一連の事態の責任をとらされたのであろう。

こうして王楽泉は退任を余儀なくされたが、胡錦濤指導部には漢人の怒りを鎮めなければならないという課題も残った。下手をすれば、不満の矛先は胡錦濤に向かってこよう。そのため後任の書記の人選にも時間を要したと見られる。結果として、湖南省の党書記として現地で人気のあった張春賢《ちょうしゅんけん》が任命された。張春賢は当時の共産党幹部のなかでいち早くインターネットに適応した人物として知られる。インターネット上で市民と交流するなどして、民間での好感度はかなり高かった。そのような人物に白羽の矢が立ったのは、何より地方書記として現地の民衆と良好な関係を築けることが期待されてのことであったと考えられる。実際、着任後の張春賢の評判は上々であった。前任者が強面《こわもて》であったこともあって、張春賢はかなり穏やかな人物として受け止められたようである。民衆を慰撫するという目的からすれば、適切な人選であったろう。

こうして一五年続いた王楽泉時代は、漢人と現地ムスリム双方にかなりの負の遺産を残して幕を閉じた。「反テロ」と経済開発は、新疆に住む人々の民族間関係に計り知れない禍根を残した。もっとも、「反テロ」と経済開発を基軸とする政策そのものは、その後も変更されずに続いた。指導者の交代は必ずしも政策の転換を意味するものではなく、抑圧と開発を同時並行的に進める基本方針はその後も堅持されたのである。張春賢自身はソフトな印象であったが、その体制の下で「反テロ」はむしろ不断に強化された。二〇一〇年八月のアクスでの爆発事件、二〇一一年七月にホタン、カシュガルで相次いだ襲撃事件など、「テロ事件」に対する鎮圧は苛烈を極め、暴力の連鎖が続くこととなった。

その結果、政権が抑圧と同時にすすめる経済開発が、現地ムスリム社会で感謝されず、むしろ反感を生む傾向も強まった。漢語中心の二言語教育、労働力の内地への移転といった政策がはらむ問題もまた、解決を見ないまま、習近平時代に持ちこされることとなった。

第5章　反テロ人民戦争へ　２０１２～２０１６年

1　習近平時代の始まり

柔軟化への期待

二〇〇九年のウルムチ騒乱以降、胡錦濤政権は従来の「反テロ」を維持しつつ、経済発展の加速による民族問題の解決を図った。新たに任命された張春賢書記は、二〇一一年九月にカシュガル、ホルゴスの経済開発区の設置が正式に決まったことを受け、いっそうの経済開放に乗り出していた。しかしそうした経済政策において現地ムスリムの影は薄く、内地企業の参入が目立った。一方、政権側のいう「テロ事件」とそれに対する弾圧の連鎖が新疆各地で見られ、騒乱の傷跡が修復されたとはいえない状況が続いていた。

二〇一二年秋、習近平が総書記に就任すると、新政権の新疆政策に注目が集まった。実は習近平は、ウルムチ騒乱の直前にあたる二〇〇九年六月一七日から二一日にかけて新疆を訪れていた。その直後に、このような騒乱が起こったことに衝撃を受けたであろう。また習近平の父、習仲勲は中華人民共和国建国から間もない頃、新疆を含む西北一帯の統治を任されたこともあった（第1章参照）。そのような経緯もあって、習近平は歴代の指導者、そして自身の父親もうまく処理できなかった新疆の民族問題を、みずからの手で解決したいという意欲を強く持った可能性がある。

ところで習仲勲は一九五〇年代前半に王震の急進政策を批判し、新疆のムスリムに対し穏健的、漸進的な政策をとったことで知られる。またそのこともあって文化大革命中に激しく攻撃され、ある意味で民族幹部と苦難をともにしたのであった。そのため新疆のムスリム社会の側では、習近平がこうした経緯を踏まえ、高名な父のように新疆政策のいきすぎたところを是正するのではないかという期待が高まった。

こうした期待は、その後の展開から見れば、あまりに楽観的であったが、当初まったく根拠がないわけでもなかった。習近平政権は二〇一二年一一月の発足後、北京において新疆政策の調整をおこなう機関である中央新疆工作協調小組の組長を、中央政法委員会書記の周《しゅう》永康《えいこう》から全国政治協商会議主席の兪正声《ゆせいせい》に交代させた。これにより同協調小組の指揮系統が、治安政策をつかさどる政法系統から、統一戦線の系統に切り替わった。また中央新疆工作協調小組の日常業務を指揮する弁公室主任には、当時、寧夏回族自治区人民政府主席であった王正偉《おうせいい》という回族の幹部が就任した。こうした編成から、習近平政権は新疆政策を多少なりとも柔軟化へ導くつもりなのではないかと考えられた。

しかしその後の展開を見ると、習近平政権の発足によって従来からの引き締めが緩められることはなく、むしろ事態は悪化の一途をたどった。二〇一三年一〇月に北京の天安門で車両突入事件が起こり、翌年三月に雲南省の昆明《こんめい》駅で無差別殺傷事件が起こると、政権側はこれらを「東トルキスタン・イスラーム運動」が関与した「テロ」と断定した。中国国外では、天安門での事件についてはでっち上げではないか、昆明駅での事件については東南アジア方面に出国できなくなったウイグル人が追い詰められて起こしたものではないかなど、さまざまな疑義が呈されているが、検証が不可能なため、政府発表以上のことはわからない。いずれにせよ、中国国内ではいずれの事件もウイグル人の過激派による「テロ」であるとの認識がいきわたった。こうなると「テロリスト」を取り締まるよう求める世論からの突き上げもあって、政権はますます「反テロ」に傾斜することとなった。習近平政権発足当初に見られた柔軟化への期待などは、たちまち霧消したのである。

シルクロード経済ベルト

一方、習近平政権は、経済政策の面で大胆な構想を打ち出した。「一帯一路」の「一帯」にあたる「シルクロード経済ベルト」である。これは新疆と大いに関係しており、新疆はこの構想の「核心区」に位置づけられた。このとき「核心区」とされた省、自治区は、全国に二つしかなく、もうひとつは「二一世紀海上シルクロード」の「核心区」とされた福建省である。

習近平の「一帯一路」構想の背景には、彼がかつて福建省で勤務していた時期の経験があるとされるが、その福建と並んで新疆が「核心区」とされた背景には、新疆の地理的な位置がある。「シルクロード経済ベルト」がはじめて提唱されたのは、二〇一三年九月、習近平が新疆の西隣のカザフスタンを訪問した際のことであった。九月七日に同地のナザルバエフ大学でおこなわれた習近平の演説において、太平洋からバルト海に至る大輸送路をつくるといった経済協力が謳われた。習近平はこのとき、中国とユーラシア諸国が「三つの勢力」などに対し、協力して対処する点も指摘した。習近平政権としては、西部大開発を上回る規模で中国内陸部の経済開放を進めるとともに、前任者が残した課題である新疆問題を抑え込む思惑があったと考えられる。

新疆が「シルクロード経済ベルト」の「核心区」とされたことで、いっそうの経済開放政策がとられた。その目玉となったのが、カザフスタンとの国境に位置するホルゴス、阿拉山口《あらさんこう》の整備である。物流の大動脈に位置するこの二つの国境ポイントは、中国各地とヨーロッパを結ぶ定期貨物列車である「中欧班列」の基地として急速な発展を遂げた。そのほかにもカシュガル経済特区はじめ新疆各地に対し、「対口支援」が割り当てられ、沿海部各地の資金がそれぞれの担当地域に投下された。それによってカシュガルはじめ新疆の地方都市の開発、再開発も加速した。

政府と民衆の認識のギャップ

政権側の想定では、これら全国一丸となった新疆経済への「支援」があって、さらに「シルクロード経済ベルト」によって対外開放が進めば、新疆経済は底上げされ、現地ムスリムの不満も徐々に解消されるはずであった。たしかに体制内の民族幹部や体制寄りの立場の現地ムスリムのなかには、これに期待する声もあった。しかし、これまでの経済政策同様、その効果が広く現地の大衆にどの程度好意的に受け止められたのかは疑問である。「シルクロード経済ベルト」にせよ、その前からある西部大開発にせよ、漢人が率いる大企業、国有企業が中心となっていたのであって、現地ムスリムは受け身の立場にあった。

そのため政府が打ち出す政策はなんであれ、現地の大衆から見れば、自分たちのあずかり知らぬところで決定され、突如押しつけられたものに見える可能性をはらんでいた。たとえば、政府が新たに郊外にアパートをつくって旧市街の住民にあてがおうものなら、それは古くから街の中心部に住んでいるムスリム住民をていよく立ち退かせる企みであると認識され、反発を招くといった事態が生じた。政府側は、旧市街の建物が老朽化し、また密集しているため、地震や火災の際に危険であると宣伝した。しかし民衆の側には、いくたびもの地震、火災を乗り越えてきた築五百年の堅牢な古家のほうが、手抜き工事かもしれないアパートより、よほど安心できるという考えもあった。そのためとりわけカシュガル旧市街の再開発では、引越しを余儀なくされた地元住民の不満が高まり、ニューヨーク・タイムズなどでも取り上げられ、広く外界の知るところとなった。

それでも、経済発展によって社会の変化がなし崩し的に加速することは止まらなかった。旧市街に残っていた服飾、鍛冶などの伝統産業は、少なからず廃業に追い込まれた。『在日ウイグル人が明かすウイグル・ジェノサイド』の著者ムカイダイスの母の実家もそのひとつである。新疆南部の都市アトゥシュで一七代続くとされるその鍛冶屋は二〇一〇年に廃業した。馬の蹄鉄《ていてつ》とその修理を主な生業としていたが、水不足によって馬の飼料が生産できなくなり、周辺で飼育される馬が激減したことが、経営に打撃となったのだという。ムカイダイスによれば、水不足、そして地域の荒廃には生産建設兵団が関係していたという。

もちろん馬の減少には、水不足だけでなく、ほかにもさまざまな要因があるはずで、水不足も兵団のせいだけではないだろうという指摘もありうる。しかしその地で代々暮らす鍛冶屋の一族から見れば、よそ者が多く来るようになってから、水がなくなり、馬がいなくなり、社会が変わってしまい、家業を失ったのであった。近代化によって伝統産業が立ちゆかなくなること自体は世界中どこにでも見られるが、地元経済の自発的発展によるのと、よそ者主導の上からの開発によるのとでは、意味合いがだいぶ違った。とくに代々続いた店を自分の代で閉めることになった側からすれば、喪失感こそあれ、政府への感謝などとても感じられなかったであろう。

一方、体制内の民族幹部の縁戚、政府に近い商人などで、観光客相手の商売をおこなうなどして儲けを得た住民もいる。彼ら一部の受益者の口を借りて、「党と政府のすばらしい政策に感謝している」といった宣伝が、政府メディアによって展開されることとなった。もっとも、彼らにもほかに選択肢はなかったであろう。政府の政策に迎合し、観光業に転換するなど生き残り策をとって、不本意でも社会の変化にあわせざるをえなかったのである。

習近平の新疆視察

習近平は「シルクロード経済ベルト」を掲げ、新疆の経済開放の道筋をつけると、まず二

新疆視察時、小学生らと記念撮影する習近平（2014年4月28日。写真：新華社/アフロ）

〇一四年三月、中央新疆工作協調小組の組長である兪正声に新疆を視察させた後、翌四月二七日から三〇日にかけて、みずから新疆を視察した。視察中、習近平は兪正声、張春賢、ヌル・ベクリらとともに、ウルムチ、カシュガルの村、企業、部隊、学校、警察の派出所、モスク、新疆生産建設兵団などを訪問した。訪問先の小学校でウイグル人の小学生、教員らに囲まれ、微笑みを浮かべ、記念写真を撮影する一幕もあった。

しかし視察最終日の四月三〇日にウルムチ南駅にて、政府の公式発表で少なくとも三人が死亡し、七九人が負傷したとされる爆発事件が起こり、雰囲気は一変する。事件については不明な点が多く残るが、折からの習近平の視察にあわせて実行されたとの見方が一般的である。習近平はただちに「テロ」に対して果断な措置をとるよう重要指示を発出した。その前月に昆明駅の事件が発生したばかりであったため、中国内地の世論では「テロリスト」の取り締まりを求める声がいっそう高まった。

こうした展開について、習近平の新疆視察中に、厳重な警戒にもかかわらず爆発事件が起こったことはできすぎているとして、政権のひとり芝居なのではないかという見方も囁かれた。三月の昆明での事件も含め、報道が限られているため、真相はよくわからないところがあり、さまざまな憶測がなされた。しかし確実にいえるのは、これらの事件を経て、「テロリスト」に対する中国国内世論がこれまで以上に硬化したことである。治安維持を求める声の高まりを受け、「反テロ」政策の正当性、必要性も、中国社会の文脈のなかで不断に強化された。

実は、習近平は新疆視察中、新疆南部の警察の派出所を訪れ、「反テロ」の訓練の様子を参観した際に、「テロリスト」を厳しく叩き圧倒する「厳打高圧」の姿勢をとることとの必要性を説いていた。敵に先制攻撃を仕掛け、徹底的に叩きのめす、そうした戦闘的な指示を習近平は現場に与えていた。これは非公開の指示ではなく、当時公に報道されていたものである。「反テロ人民戦争」という言葉もこのときすでに使われていた。

習近平の「反テロ」政策は、穏健な習仲勲の息子という前評判と打って変わって、蓋を開けてみるとかなり攻撃的なものであった。そしてそのような「厳打高圧」の姿勢は、くしくも視察最終日に起こった事件を経て、国内世論の承認をとりつけた格好となったのである。

2　高まる「反テロ」の比重

第二回中央新疆工作座談会

習近平の新疆視察から一月も経たず、五月二二日にはウルムチ市内で少なくとも三一人が死亡したとされる大規模な爆発事件が起こった。これに対し、習近平は早くもその日のうちに「テロリスト」を厳罰に処し、連鎖反応を防ぐよう指示を出した。翌日には公安部が、「新疆を主戦場とし暴力テロ活動を厳しく叩く特別行動」を向こう一年間かけておこなうことを声明した。

そうしたなか五月二八、二九日に開かれたのが、第二回中央新疆工作座談会である。相次ぐ「テロ事件」に世論の注目が集まるなか、二回目となる同座談会の開催には、習近平政権としての方針を発表し確認する意味合いがあった。同座談会における習近平の重要講話も、世論を意識してのものとなり、「暴力テロ活動」を厳しく叩くことが目下の重点であることが示された。

重要講話では、「テロリスト」に厳しく打撃を加えるという表現（厳厲打撃）が繰り返し用いられた。「テロ」に反対する、打撃を加えるなどの従来の表現に比べ、だいぶ語気が強められた。また重要講話のなかで習近平は、「大衆総ぐるみの予防的警戒力」（中国語では群防群治預警能力）を大いに向上させることを強調した。これはつまり「テロ」に対する警戒を社会全体で常日頃から高め、「テロ活動」を予防するという意味合いである。前出の新疆視察中の指示で先制攻撃の準備が指摘されていたが、予防的な警戒という表現が、ここで新たに最高指導者の口から発された。「テロ」が起こってから叩くのではなく、予防的な取り組みによって「テロ」の芽を事前に摘み取ることが、このとき習近平の念頭にあったことがわかる。

習近平はまた重要講話のなかで、「民族団結は各民族人民の生命線である」と述べ、民族団結を強調した。具体的政策として、二言語教育を進め、少数民族が内地で教育を受け、就業し、居住することを徐々に促進し、各民族がお互いを理解しあうようにすることが打ち出された。これらは基本的に以前からおこなわれてきた政策であり、新味はないように見える。

しかし習近平の重要講話は次のように続く。「各民族大団結の旗を高く掲げ、各民族のなかに国家意識、公民意識、中華民族共同体意識をしっかりと打ち立て、できるだけ各民族大衆に拠《よ》って立って団結し、中華民族の偉大なる復興を実現する中国の夢のために、あらゆる民族、公民が貢献し、祖国の繁栄、発展の成果をともに味わえるようにしなければならない」。これはつまり、新疆のすべての人に「中華民族共同体意識」をしっかりと持たせ、「中国の夢」に貢献させようという意味である。これまでの時代には見られなかった「中華民族共同体意識」そして「中国の夢」が登場し、新疆のムスリムにも「中華民族共同体意識」を持ち「中国の夢」に参加することが要求されるようになったのである。

これらと並んで、経済開発政策も表明された。具体的には、就業、貧困対策、「対口支援」などであり、前回の胡錦濤の重要講話でも指摘されていた事柄である。しかし習近平の重要講話のうち経済政策に関する部分は、全体の一部を構成するに過ぎず、力点の置き方が違っていた。前回の胡錦濤の重要講話では明らかに経済の話がメインで、「反テロ」の話はその後についてきていたが、習近平の重要講話は「反テロ」が主で、経済の話は全体の一部に過ぎなかった。

ところでこの当時、重要講話は概要しか明らかにされていなかったが、後に中国国外に流出した「新疆文書」(*The Xinjiang Papers*)と呼ばれる資料には、重要講話のほぼ全文が含まれている。それによれば、このとき習近平は、経済発展が進み、生活水準が向上しても、「暴力テロ活動」が依然としてなくならないという認識を示し、経済発展が必ずしも自然に安定をもたらすものではないと述べたようである。これが本当であれば、習近平はこの段階でに経済発展によって安定を実現する従来型の政策理念に見切りをつけていたことになる。胡錦濤時代の経済発展至上主義的な新疆政策は、「反テロ」を主軸とし、「テロ」の予防のために各種教育、就業、貧困対策、「対口支援」などをおこなうというかたちに再編されようとしていた。習近平時代の新疆政策のあり方がここに姿を現しつつあった。

反テロ人民戦争の展開

かくして二〇一四年五月下旬以降、「反テロ人民戦争」のスローガンのもと、新疆を主戦場とし「暴力テロ活動」を厳しく叩く特別行動が猛烈な勢いで進められた。自治区公安庁の発表したところによれば、この取り締まりキャンペーンが始まって一カ月足らずで、早くも三二の「テログループ」が摘発され、三八〇人余りの容疑者が逮捕されたという。またこの間に、六人の民警が殉職し、一〇人余りが負傷したことも明らかにされた。戦争さながらの、いかに激しい取り締まりがおこなわれたかを物語っている。

その間、取り締まられる社会の側が、想像を絶する恐怖に包まれたことは想像に難くない。「テロリスト」の定義が曖昧であったことから、誰しもが「テロリスト」あるいは「テロ」を幇助《ほうじょ》したとの嫌疑をかけられる恐れがあった。他方、社会の一部には、「テロリスト」とされて追い詰められた、あるいは家族や仲間への一方的な弾圧に憤慨し復讐を誓った人たちがいて、最期に捨て身の暴力行為に打って出る者もいたと見られる。こうして二〇一四年後半から翌二〇一五年にかけて、摘発の恐怖が社会を覆うなか、政権側のいう「テロ事件」が多発することとなった。

この時期の事件として最大規模のものは、七月二八日にヤルカンド（莎車）県で発生した襲撃事件であろう。新華社の発表によれば、武装グループが地元政府庁舎、警察の派出所などを襲撃し、市民三七人を殺害し、鎮圧の際に容疑者五九人が射殺されたという。この事件についても、政権側は「東トルキスタン・イスラーム運動」の関与を指摘しているが、具体的な説明がなく、実際のところは不明である。一方、世界ウイグル会議側はウイグル人の死者数は少なくとも二千人にのぼると表明しているが、正確な死者数、拘束者数は不明である。

その直後の七月三〇日には、カシュガルで中国イスラーム協会副会長のジュメ・タヒルが暗殺される事件も発生した。当局はウイグル人容疑者二人を射殺し、一人を拘束した。事件の背景には、ジュメ・タヒルの政府に媚びた姿勢への反発があったといわれるが、実際の犯行動機や容疑者の人物像など、事件の詳細については不明である。その後も、二〇一四年九月にバインゴリン・モンゴル自治州で連続爆破事件が発生するなど、大小様々な「テロ事件」が新疆のとりわけ南部一帯を揺るがした。

戦果と犠牲

二〇一五年に入り、今回の取り締まり強化から一年となる五月を迎えると、自治区の公式ニュースサイト『天山網』は、この一年間に合計一八一もの「テロ組織」が撲滅されたことを報じた。このように政府は赫々《かくかく》たる戦果を自賛していたが、一年の期限を設定して「暴力テロ活動を厳しく叩く特別行動」をはじめたにもかかわらず、その後も政権側が「テロ事件」と見なす事件はなかなかなくならなかった。抑圧を強めすぎた結果、反発を生み、各地で事件が起こる悪循環に陥ったと考えられる。

二〇一五年に発生した事件で比較的大きなものとしては、九月にアクス地区の炭鉱で発生したとされる襲撃事件がある。米政府系メディアのラジオ・フリー・アジア（ＲＦＡ）が伝えたところによれば、事件後に容疑者が潜んでいた洞穴が当局の手で爆破され、女性四人と子ども三人が巻き添えになったといわれる。女性と子どもは容疑者の家族であったと見られるが、中国では徹底した報道管制が敷かれており、こうした「敵」側の犠牲について、ほとんど知るすべがない。そもそもどうして襲撃事件が起き、「テロリスト」が一家で逃亡する事態になったのか。事件発生の背景や経緯についても、具体的、客観的な報道はなく、真相は今も闇に葬られたままである。

反テロリズム法の制定

こうした取り締まり強化に並行して、取り締まりの法的根拠となる反テロリズム法が準備され、二〇一五年一二月に全人代常務委員会で可決され、二〇一六年一月一日に施行された。同法の第一条は、テロ活動を防止、処罰し、反テロ工作を強化し、国家の安全、公共の安全、人民の生命財産の安全を守るために制定されたと謳っている。第六条では、反テロリズム工作は法に則《のっと》っておこない、人権を尊重し、保障すべきこと、また公民の宗教信仰の自由と民族の風俗習慣を尊重し、いかなる地域、民族、宗教による差別的な扱いも禁じることを規定している。こうした建前に続いて、具体的な規定としては、捜査の際、電話会社やインターネットのプロバイダーに暗号解読などの技術的な支援が義務づけられること（第一八条）、銃や刃物を持った襲撃犯に対しては、警察に武器の使用が許されること（第六二条）などが盛り込まれている。ここまで見る限り、さほど抑圧的な文言には見えないかもしれない。

しかし、同法第二九条、三〇条に定められた、「テロリスト」の教育改造を強化する指針などは、その後の展開を考えるうえで重大な意味をもつものであろう。第二九条では、そそのかされたり、脅迫されたり、勧誘されたりして「テロ活動」に参加した者、あるいは活動に深く関わらず、犯罪の構成要件を満たさなかった者について、公安機関が関係部門、村民委員会、居民委員会、所属先の組織、学校、家庭、保護者を組織して、「援助と教育」（中国語では幇教）をおこなうべきであるとされた。ここでいう援助と教育とは、非行少年や刑期を終えて出所した人の社会復帰、矯正を支援する文脈などで使われる言葉である。非行少年、前科者などと同じく、放っておけばまた「テロ」を犯しかねない「テロリスト」の再犯防止を念頭に置いたものと見られる。

第二九条はまた、刑務所、拘置所、社区（社会の末端のコミュニティ）の矯正機構は、服役中の「テロ活動犯と過激主義犯」の管理、教育、矯正等の工作を強化すべきことも規定している。続く第三〇条では、刑務所、拘置所が懲役刑以上の判決を受けた「テロ犯」について社会への危険性の評価をおこない、危険性があると評価した場合、「安置教育」の提案を服役地の中級人民法院に提出し、同法院が「安置教育」の決定を出すことを規定した。ここでいう「安置教育」とは服役者が釈放後も自由を制限され、教育を受ける措置を指している。同条では、「安置教育」は省級人民政府が組織しておこなうと定められた。したがって新疆の場合、新疆ウイグル自治区人民政府が中心となって「安置教育」を組織することとなる。

反テロリズム法実施弁法の制定

反テロリズム法の制定を受け、二〇一六年七月二九日、自治区人民代表大会の常務委員会において、新疆ウイグル自治区反テロリズム法実施弁法が採択され、八月一日に施行された。

この実施弁法は反テロリズム法の実施方針を具体化したもので、新疆ウイグル自治区において「反テロリズム、反過激主義工作」を展開するにあたり適用されることとされた（第二条）。

ここで注目に値するのが、実施弁法の第七章「教育管理」である。反テロリズム法第二九条の規定では、刑務所、拘置所、社区の矯正機構による教育改造、矯正の対象は「テロ活動犯と過激主義犯」とされていたが、「実施弁法」の第三九条では、（一）懲役判決を受けた者、（二）拘留の処分に付された者、（三）管理処分、減刑、仮釈放、執行猶予とされた者が、刑務所、拘置所、社区の矯正機構による教育改造、矯正の対象となることが具体的に明記された。

また反テロリズム法第三〇条において、省級人民政府すなわち新疆ウイグル自治区人民政府が中心となって組織すると定められた、「安置教育」に関する規定も、「実施弁法」の第四一条以下に盛り込まれた。そのなかでとくに第四三条は、教育改造、「安置教育」、法治教育、社区矯正機構などの部門が、法律法規、思想道徳、心理健康、現代文化、科学知識教育、宗教の正しい導き、職業技能訓練等を内容とする教育活動を展開すべきであると規定した。ここには教育活動の具体的内容として、職業技能訓練という文言が明記されている。かくして「反テロ」の観点から教育と職業技能訓練その他が同時におこなわれる、法的な根拠が整ったといえよう。

張春賢の離任

反テロリズム法実施弁法の施行から一ヵ月と経たない八月二九日、新疆ウイグル自治区の党委員会書記張春賢が離任することとなった。張春賢に代わって書記となったのが、かの陳《ちん》全国《ぜんこく》である。陳全国は悪名高い「職業技能教育訓練センター」を新疆各地に設置したことで知られるが、時系列からいえば、陳全国が新疆に赴任してきたときには、すでにこの実施弁法が施行されていた。職業技能訓練の名のもとで「テロリスト」の教育改造がおこなわれる素地は、陳全国の着任前から着々と整えられていたといえよう。

張春賢が新疆の書記を務めた六年四ヵ月は、経済発展至上主義的な色合いが濃かった胡錦濤時代から、「反テロ」一色に染まった習近平政権一期目にかけて、政策が大きく変化した時期に相当する。張春賢は二〇〇九年のウルムチ騒乱以降、経済政策によって民族間関係を立て直し、社会の安定を実現することを胡錦濤政権に期待され、赴任したと考えられる。しかし結果的に、任期の後半は「反テロ人民戦争」に邁進する習近平政権を支える現場責任者の役割を果たすこととなった。

書記の交代に際して八月二九日におこなわれた自治区幹部大会において、張春賢は在任期間を振り返って、「反テロと治安維持の第一線で命を顧みずに戦い、命を落とした英雄たちを忘れることはない」との言葉を残している。一方、このとき報道された張春賢の講話内容には、経済発展に関する言及はなく、経済の比重は明らかに後退していた。張春賢の任期中、「反テロ」が新疆政策のなかでいかに特殊な地位を占めるに至ったかがうかがえる。

第6章　大規模収容の衝撃　2016〜2021年

1　親戚制度と職業訓練

陳全国の赴任と監視の強化

新たに新疆ウイグル自治区の党委員会書記となった陳全国は、その直前までチベット自治区で書記を務めていた人物であった。チベット自治区で陳全国は、交番と監視カメラを増設するとともに、幹部、党員らを、チベット人の「親戚」と称させて村や寺に配置し、監視の目を行き届かせたことで知られる。いわばテクノロジーと人海戦術の合わせ技によって、人々の行動を細かく監視させたのである。その結果、それまで世界的に注目を集めていた焼身自殺はじめ、チベット人による抗議行動はかなりの程度抑え込まれた。その実績が最高指導層に評価されたのであろう、陳全国はチベットの書記から新疆の書記に異例の横滑りを命じられた。陳全国はチベットでの成功体験を携えて新疆に乗り込んできたのである。

チベットで陳全国が展開させた新しいタイプの監視は、すでに陳全国の新疆赴任前から幹部の経験交流をつうじて徐々に新疆に取り入れられていたが、陳全国が新疆に赴任してから、監視網の整備が一挙に加速した。まず街なかの至るところに派出所、検問所が林立するようになり、検問の間隔は著しく狭くなった。高速道路でも、少し走るとすぐに検問となり、下車して身分証をスキャンし、X線検査を受けることが日常化した。顔認証システムの活用によって個人の行動把握も詳細になった。監視カメラは道端や公共施設だけでなく、家のなかにまで備え付けられるようになった。さらにスマートフォンにスパイウェア・アプリを入れることが義務づけられ、通信履歴が事細かに把握されるようになった。そして極めつけが、次に述べる親戚制度であった。

親戚制度

親戚制度とは、漢人を主とする公務員を「親戚」と称させて、現地ムスリムの各家庭に割り当てる仕組みである。中国語では「結対認親」などと表現されるもので、必ずしも制度として確立したものではないが、二〇二一年一二月一九日放送のNHK特集番組「〝多民族国家〟の葛藤」（中国新世紀第五回）で親戚制度として取り上げられており、本書でも便宜的に親戚制度とする。もともと親戚制度は、高齢者、障害者など社会的弱者が公務員の「親戚」ということになり、支援を受ける取り組みとして知られていた。それを陳全国がチベット自治区の書記をしていたときにチベット人を対象に応用し、新疆にもたらしたのであった。

新疆には張春賢の時代から、幹部が村を訪問して聞き取りをする、「訪恵聚《ほうけいしゅう》」（民情を訪ね、民生に恵み、民心を凝聚する）と呼ばれる取り組みがあったが、二〇一六年一〇月の「民族団結ひとつの家」活動動員大会を機に親戚制度が大々的に展開されるようになった。陳全国自身もケリヤ（于田）県に住むトフティハン一家の「親戚」ということになり、翌一一月にはみずからトフティハンの家に足を運び、一家とともに食事をし、親しく語らうというパフォーマンスを見せた。

親戚制度は、「親戚」をつうじて、民族団結の理念を現地住民に広めること、貧困家庭の就業を支援することなどを目的としていたといわれる。しかし現場では、控えめにいっていきすぎ、あるいは「親戚」の傍若無人ぶりが、民族間の憎悪を生む悪循環が生じた。現地ムスリムの側には、「親戚」のつくった豚肉料理を食べない、「親戚」が勧める酒を飲まないという選択肢はなかったであろう。「親戚」に同衾《どうきん》を迫られて自殺者が出たとか、孫娘を守るために老人が「親戚」を殺したといった話も、枚挙にいとまがない。

「親戚」の振る舞いに反対したり、抵抗したりすれば、「テロリスト」として報告されることは、容易に想像できた。そのため「親戚」の来訪に、あるいは「親戚」宅への出頭命令に、人々が恐怖のどん底に落とされたことが、後年亡命者らの証言から明らかになっている。しかし、そうした現地ムスリムの心情やプライバシーなどは一顧だにされず、政策は強力に推進された。二〇一八年に『人民日報』が報じたところによれば、同年九月までに新疆全土で約一一〇万人以上の政府職員が約一六九万戸の「親戚」となったという。

一体化プラットフォーム

これほど親戚制度が大規模におこなわれた背景には、「親戚」によって報告される各家庭の情報が重要であったからと見られる。「親戚」たちが集めた情報は、顔認証システムやスパイウェア・アプリなどの情報とともに「一体化統合作戦プラットフォーム」(IJOP)と呼ばれるシステムに集積され、人々の信用度の判定に用いられたと見られる。プライバシーなどあったものではないが、徹底した監視網が築かれれば、治安が確保され、安全を享受できるという考えが中国には根強い。そのためこうしたプラットフォームの構築は、漢人を主とする中国の世論からすれば、さほど問題となるものではなかった。

しかしそれは受益者の漢人側の見方であり、突如、潜在犯とされかねない現地ムスリムの側にとっては恐ろしいものであった。中国の他地域にある情報プラットフォームと大きく異なっていたのは、その利用のされ方である。新疆のムスリムの場合、海外と行き来するビジネスマン、一時帰国してきた留学生などは、ただ海外に渡航していたという理由だけで出頭を命じられ調査されるようになった。

監視される現地ムスリムの側にとっては、自分は「テロリスト」と無縁のつもりであっても、プラットフォームに集積された情報によって自分がどう判定されるかはわからなかった。こうした状況は、しばしばパノプティコン（一望監視装置）にたとえられる。政府（看守）は全体を一望できるが、民衆（囚人）には看守の姿が見えないからである。かくして新疆社会は、人類が経験したことのない監視社会にしてディストピアと化していった。

「両面人」を処分せよ

監視の強化、個人の情報の集積と並行して、陳全国指導部は「両面人」ないし「両面派」の拘束を進めた。「両面人」とは、一般に共産党の幹部でありながら、党に対し絶対の忠誠心を持たず、党に隠れて汚職をおこない、私腹を肥やすなどした、腐敗幹部の意味で使われることが多い。新疆に限らず、中国全土で反腐敗キャンペーンが展開されるなか、こうした利益を貪る幹部らに厳しい処分を下す動きが見られた。もっとも、「両面人」の拘束には、汚職幹部の摘発という面だけでなく、実際には習近平政権に対する忠誠心に疑問のある幹部を失脚させ、その後任に政権に忠実な人物を据えるという側面もあった。忠誠心の定義は曖昧であったため、政権に不都合な人物は誰しも「両面人」ということになりかねなかった。

新疆の場合、この「両面人」には汚職幹部だけでなく、党幹部でありながら「分離主義者」に近いとの嫌疑をかけられた人々も含まれることとなった。二〇一七年二月にウルムチでおこなわれた自治区紀律検査委員会の全体会議において陳全国は、政治紀律に違反した案件だけでなく、「反分離闘争の紀律に違反した『両面人』の案件も取り調べ処分しなければならない」と明確に述べている。そのためこの「両面人」には、実に多くの現地ムスリムが含まれることとなった。これまで共産党政権の枠組みのなかで教育、文化、出版などを担ってきた現地民族幹部、著名な文化人、知識人らも容赦なく審査され、曖昧な容疑で厳罰に処された。

このとき不幸にも問題ありの側にふるい分けられた現地ムスリムのなかには、新疆大学の学長まで務めた体制内知識人の筆頭格、タシュポラト・ティイプも含まれていた。タシュポラトは日本に留学し、東京理科大学で博士号を取得したことでも知られる、ウイグル人きっての世界的知名度を持つ研究者であった。その彼になんの罪があったというのだろうか、二〇一七年五月、国際会議に参加するためドイツに渡航するところを北京空港で拘束され、突如として行方不明となった。のちにタシュポラトは国家分裂罪で執行猶予付き死刑判決を受けたとの情報が出たが、国際的な批判の高まりを受けて、中国外交部は二〇一九年一二月に汚職の罪でなお審査中であるとの声明を発表した。その後の消息は不明である。

消された教育官僚、知識人

「両面人」一掃キャンペーンの過程で拘束され、失脚した人物は、ほかにも枚挙にいとまがない。二〇一七年五月、自治区教育庁元庁長サッタル・サウトが収賄の嫌疑で拘束され、それに連座するかたちで自治区教育庁元副庁長アリムジャン・メメティミン、新疆教育出版社元社長のアブドゥラザク・サイムが失脚した。三人は教科書発行の責任者としての権限を悪用して、新疆の小中学校で使用される教科書に、「二つのパン」（双泛。第4章参照）、「民族分離主義」などの思想を盛り込んだとして、「両面人」であると断罪された。

問題の教科書は、もともと共産党体制の枠組みのなかで出版を認められたものであったが、使用が停止された。陳全国の指導下で、中国人ないし中華民族としての認識の統一が強力に進められるようになっていく過程で、ウイグル人としての誇りを子どもたちに抱かせるような教科書は狙い撃ちにされたのである。教育政策におけるウイグル人の民族文化へのささやかな配慮さえ、これまでのようには認められなくなった。

「両面人」一掃キャンペーンが吹き荒れるなか、各機関で「発声亮剣宣誓大会」などと呼ばれる、「両面人」と一線を画し、党に絶対の忠誠を誓う集会が催された。漢人の幹部であっても、「両面人」の摘発に消極的と見られれば容赦なく処分された。「両面人」やそれを庇った人を見せしめにすることで、陳全国指導部は残された人々に対し絶対の服従を求めたのである。これまで反右派闘争はじめ、幾度となく続けられてきた共産党の幹部入れ替えのメカニズムが、このときも無慈悲な展開を見せたのであった。

こうなるとそれまで活動が許されていた知識人の身も危うくなった。文学者、作家のアブドゥカーディル・ジャラリディンもそのひとりである。日本に留学したことがあり、日本の社会や文化を紹介し、外の世界を見ることの重要性を説いた著作がベストセラーとなったことで知られる。またジョージ・オーウェルの『動物農場』、プラトンの『国家』などを、中国語からウイグル語に翻訳した人物でもあった。翻訳した作品は、いずれも中国国内で問題なく刊行されていたものであったが、彼の文筆活動がウイグル人の政治意識を高めたことが問題視されたのか、突然連行されたまま、行方がわからなくなった。

新疆大学教授のラヒレ・ダウトも、突然姿を消したひとりである。ウイグルの宗教文化、とくにイスラーム聖者廟（マザール）に関する研究で世界的に著名な研究者で、日本や欧米の研究機関に招聘《しょうへい》されるなど国際的な発信力も強かった。彼女が共著者となった英語の著作*Mazar: Studies on Islamic Sacred Sites in Central Eurasia*は、東京外国語大学出版会から刊行されている。研究テーマが宗教に関連する敏感なものであったこともさることながら、漢人の研究者を凌駕《りょうが》する実力と国際的な知名度が仇となったのであろう、その後有罪判決を受けて獄中にあるといわれる。

新疆ウイグル自治区脱過激化条例の制定

「両面人」の摘発に見られる、政権にとって信用できない人間を社会から葬り去る動きは、幹部、知識人のあいだにとどまらず、二〇一七年の前半には社会の各層を巻き込んでの巨大なうねりと化した。「職業技能教育訓練センター」と呼ばれる教育矯正施設に、共産党に対する忠誠心が疑わしい一般市民を収容し、教育矯正工作を施す措置がとられたのである。

その法的根拠となったのが、陳全国の指導下に入って制定された新疆ウイグル自治区脱過激化条例である。二〇一七年三月二九日に自治区人民代表大会の常務委員会を通過し、四月一日に施行されたこの条例は、脱過激化のために教育矯正工作をおこなうべきであること、個別教育と集中教育を結合させることで教育矯正の効果を上げなければならないことを明確に打ち出した（第一四条）。

ところで二〇一六年八月に施行された、前述の反テロリズム法実施弁法においても、すでに教育改造が言及されていた。そこでは懲役判決を受けた者、拘留の処分に付された者、管理処分、減刑、仮釈放、執行猶予とされた者が教育の対象とされていたが、新たに出された新疆ウイグル自治区脱過激化条例は、教育矯正工作の対象者をそのように具体的に限定していない。

条例の第一〇条には、「脱過激化をおこなうにあたって、民族の習俗と正常な宗教活動、違法な宗教活動と過激化した行為の違いを正確に把握し、性質を分けて施策を分類し、大多数の団結と教育を堅持し、極少数を孤立させて叩かなければならない」と謳われているが、何が違法な宗教活動と過激化した行為で、誰が教育矯正工作の対象者となるのかの基準は明確に規定されていない。一方、「大多数の団結と教育を堅持」という文言が見られる。反テロリズム法実施弁法が教育矯正工作の対象を「テロリスト」に絞ったものであったとすれば、新たに制定された新疆ウイグル自治区脱過激化条例は、「テロリスト」の予備軍、潜在犯、そして大多数の一般市民にまで範囲が拡大しうる含みを持たされていた。

訓練に参加する一般市民

新疆ウイグル自治区脱過激化条例が制定されると、当時、自治区政法委員会書記の地位にあった朱海侖の指揮下で、一般市民の選別がおこなわれた。朱海侖はカルギリク（葉城）県の人民公社の秘書から叩き上げで出世し、二〇〇六年から二〇〇九年まで自治区政法委員会書記を務め、ウルムチ騒乱後にウルムチ市党委員会書記となった、新疆の現場をよく知る漢人官僚であった。その経験が買われてか、二〇一六年一一月、自治区政法委員会書記に再任され、市民の選別を指揮することとなった。

二〇一九年に国際調査報道ジャーナリスト連合（ＩＣＩＪ）が入手した流出文書「中国電報」（チャイナ・ケーブル）には、朱海侖の手書きのメモが書き込まれた、二〇一七年六月二五日付の報告書がある。それによれば、二〇一七年六月一九日から二五日にかけて、新疆南部の二万四六一二人の情報が、「一体化統合作戦プラットフォーム」から各県、市に送付され、そのうち一万五六八三人が「教育訓練」に分類されたという。

これほど多くの市井の民を、どのような基準で選びだしたのだろうか。新疆南部のカラカシュ（墨玉）県から流出したとされる「教育訓練」の参加者のリスト、いわゆる「カラカシュ・リスト」を見てみよう。それによれば、訓練参加の理由としてとくに多かったのは、産児制限を超えた出産であった。理由が明記されている三一一人のうち、半数近くに、規定を超過して子どもを産んでいたなどの記載がある。違法にたくさんの子どもを出産させていたことが、共産党の政策に服従する意思がないこと、また共産党の政策より宗教的、伝統的な価値観を重んじていたことの現れであると見なされたのであろう。

「カラカシュ・リスト」に書かれた訓練参加の理由として次に多かったのが、中国語で「不放心人員」と呼ばれる、信用ならない（安心できない）人員であるという記載である。「両面人」同様、社会に潜む「分離主義者」である可能性がある、あるいは共産党に対する忠誠心が疑わしいとの判定をくだされたのであろう。

そのほかにも、あごひげを蓄えていた、礼拝の場所を提供した、宗教に関する動画をダウンロードしたなど、宗教信仰に関連した理由も多い。また海外、とくに中東方面へ渡航した、パスポートを申請したなど、海外とのつながりが問題視されたケースも少なくない。ここで注目されるのは理由が非常に些末なことである。この程度のことで訓練参加、言い換えれば収容となるのであれば、収容者数は膨大な数にのぼるであろう。

結果的に「職業技能教育訓練センター」に強制的に収容された人数がどれほどにのぼったのか、その全貌はいまだに明らかでない。収容者数は、当初、数十万人の規模といわれたが、アメリカにある共産主義犠牲者記念財団のエイドリアン・ゼンツによれば、一八〇万人ともいわれる。数の幅が大きい背景には、「職業技能教育訓練センター」とその他の職業訓練をおこなう学校の境、収容者と学生の境が曖昧なことがある。

二〇二〇年九月に国務院が発表した「新疆の労働就業保障」白書には、二〇一四年から一九年までの全新疆の年平均訓練労働者数がのべ一二八万八千人であったとの記載がある。もっとも、この一二八万人には、さまざまなタイプの職業学校で学ぶ「訓練労働者」が含まれており、全員が「職業技能教育訓練センター」の収容者とは限らない。また誰が強制収容者で、誰が自由意志で職業訓練を受けている学生なのかを外から見て判別することは不可能である。中国ではそもそも、「職業技能教育訓練センター」の学生は全員が自由意志で訓練を受けにきた学生ということになっているからである。

職業訓練の諸相

「職業技能教育訓練センター」には、「脱過激化」の教育改造機関としての性格と、職業訓練による労働者育成機関としての性格が複合的に存在している。

まず「脱過激化」の教育改造機関としての面については、二〇一九年六月にＢＢＣの記者が施設内部の様子を報道したときの報道内容が参考になる。このとき収容者のひとりが記者に対し、過激思想にかぶれていたため、考えを改めようとして施設に来た旨を話している。また収容者が中国語を学ぶ様子が映し出された。その例文は「私は中国共産党を愛する」「私は中華人民共和国を愛する」「私は北京の天安門を愛する」というようなものであった。

当然ながらこれらは施設側が許可した内容であり、中国側に差し支えないものであったため、外国人記者に公開されたものである。収容者の発言も前もって準備されたものと見られる。しかしそうしたお膳立てされた内容からも、「過激思想」から脱却させ、まっとうな中国人に生まれ変わらせる観点から、中国語（漢語）の教育および中国人としての意識の強化が進められていたことがうかがわれる。

一方、元収容者、職員の証言からは、これがただの教育や意識強化などではない、強制的な思想改造であったことがわかる。とくにイリ・カザフ自治州にあるモンゴルキュレ（昭蘇）県の施設で、中国語の教師をさせられていたサイラグル・サウトバイがもたらした情報は、教員の立場にあっただけにかなり具体的である。その証言をまとめた『重要証人：ウイグルの強制収容所を逃れて』をもとに、サウトバイの経験した一日を垣間見てみよう。

それによれば、まず午前七時から九時までの二時間、一九回党大会の決議や中国の習慣の授業がおこなわれる。次いで午前一一時までの二時間、学習内容が身についているかのチェックがおこなわれ、成績がつけられる。成績を下げ続けた人は、選別されて弾かれていく。その後の一時間は、「中国人であることは私の誇りだ！」「私は習近平を敬愛する！」といった言葉を全員で唱和する。昼食を経て、午後二時から四時は、国歌斉唱のあとに党を称える歌を歌い、歌を覚える。午後四時から六時は、過去の過ちを認め、自己批判。夕食を経て、午後八時から一〇時は、監房に入れられての自己批判。午後一〇時から一二時は、告白書の作成——。これらが規定どおりできない収容者には罰が与えられ、拷問されたといわれる。

職業訓練と脱貧困

「職業技能教育訓練センター」のもうひとつの性格は、その名のとおり、職業訓練による労働者育成機関としてのそれである。職業訓練とは、単に名目にとどまるものではない。訓練を施し、余剰労働力の就職を推進させることは、一三次五カ年計画（二〇一六年からの五年間）においても重視されていた。そのことは上述の「新疆の労働就業保障」白書にも表れている。前述した中国語教育や中国人としての意識強化も、中国各地の工場で他の中国人とともにはたらく労働者を育成する観点から、叩き込まれたと見ることもできる。

労働者育成機関としての面は、習近平政権が二〇二〇年までの達成を呼びかけていた「脱貧困」とも合致する。新疆南部は貧困が深刻な地域と見なされており、そうした地域の地元政府は、管轄地区の人口の平均所得を向上させる方策をとっていた。そのため収容者に職業訓練を施し、各地の工場で労働力として就業させる流れが各地に生まれたと考えられる。第4章においてすでに二〇〇〇年代から職業訓練と内地への労働力移転がおこなわれていたことを論じたが、「職業技能教育訓練センター」はその経緯を踏まえて、より大規模に組織化されたものと見ることができよう。その意味では、この施設は労働者をつくりだし、全国に送り出す、いわば労働者の工場としての役割を果たしていた。

それでは、教育をしても、まっとうな中国人にならなかった収容者や、訓練をしても、使える労働者にならなかった収容者は、その後どうなったのであろうか。元収容者の証言に共通するのが拷問、虐待の存在であり、収容者が次々にどこかに消えていくという指摘である。教育訓練の過程で弾き落とされた収容者が、その後どうなったかは知る由もない。

2　米中対立の焦点となる

収容の衝撃

かくも大規模な収容がおこなわれれば、諸外国で波紋を呼ばないはずがなかった。二〇一七年後半以降、収容者が増え続けるにつれ、新疆に住む肉親、友人、ビジネス・パートナーなどと音信不通になったという報告が各地で上がり始めた。新疆出身の留学生、ビジネスマンなどが、一時帰国中に行方不明になる事案が相次ぎ、彼らを心配する声が次第に高まった。そのうち音信不通となった人の多くは、なんらかの収容施設に入れられているらしいとの情報が広まった。しかし二〇一八年前半頃まで、これらは憶測の域にとどまっていた。外界では具体的なことはほとんどわからなかった。そのようななか新疆から脱出に成功したのが、「職業技能教育訓練センター」で中国語の教師をさせられていた上述のサイラグル・サウトバイであった。

二〇一八年四月、サウトバイは命からがら中国・カザフスタン国境を越え、カザフスタン国内で不法入国の疑いにより拘束された。その裁判の過程で、サウトバイはどうして違法な入国をせざるをえなかったかを陳述し始めた。パスポートを返納させられ、自由に出入国することができない新疆のムスリム住民の実情と、強制収容所と形容された「職業技能教育訓練センター」の異様な実態が、世界に向けて告発され始めたのである。この情報はまたたく間に世界に拡散し、サウトバイへの同情も広がった。その結果、サウトバイは裁判で無罪判決を勝ち取り、恐れていた中国への強制送還は免れた。しかしカザフスタンへの亡命申請は認められず、翌年スウェーデンに移住することとなる。

二〇一八年にはサウトバイのほかにも、やむなくカザフスタンに不法入国した人が次々に現れた。さまざまな証言がもたらされるにつれ、在外ウイグル人、カザフ人などのコミュニティに限らず、欧米社会全体に懸念が広がり始めた。二〇一八年九月には、ヒューマン・ライツ・ウォッチが「イデオロギー的なウイルスの根絶：新疆のムスリムに対する中国の抑圧キャンペーン」と題した報告書を発表し、新疆において法に則らずに大規模な拘留、収容がおこなわれていると告発した。

「負のショーウィンドウ」と化す

現代世界ではおよそ類例を見ないこれほどまでの大規模な収容に対し、欧米世論はナチ・ドイツやソ連の強制収容所を連想した。欧米世界では当然のものと見なされて久しい基本的人権が、これほどまでに無視された収容、そして強制的な職業訓練に対し、強い拒否感が広がり始めた。その空気を感じ取った中国側は、西側の記者を「職業技能教育訓練センター」に招待するという対応策をとった。施設になんの問題もないこと、施設はただの職業訓練所であることを世界に発信しようとしたようである。しかし二〇一九年六月、BBCによって施設内部の様子が報道されると、お膳立てした中国側の意図がなんであれ、刑務所のような異様な雰囲気が視聴者に印象づけられる結果に終わった。

こうして新疆はいつの間にか、中国共産党の統治の異様さ、すさまじさ、むごたらしさなどを世界に向けて発信する舞台と化していった。新疆のような国境に近い地域は、本来、中国にとって内政の成功を対外発信するショーウィンドウになるはずであったが、実際には逆効果になっている面がある。このいわば「負のショーウィンドウ効果」によって、香港、台湾、そして欧米社会における中国のイメージは大きく損なわれることとなった。

たとえば当時、逃亡犯条例改正への反発が広がっていた香港社会では、新疆の収容問題に注意が向けられるようになり、「今日の新疆は明日の香港」という言い方がなされた。中国共産党の統治下に入ると強制収容と再教育が待っているというストーリーが、中国側の意図とは裏腹に、新疆から香港、台湾へ、そして世界に向けて拡散していくこととなった。

米中非難合戦の幕開け

新疆が中国の「負のショーウィンドウ」と化したことは、取りも直さず、新疆問題が香港問題などと並んで米中対立の焦点のひとつに組み込まれていくことを意味していた。二〇一九年七月には、国連人権理事会において欧米諸国、日本などを含む二二カ国が中国の新疆政策を批判する書簡を発表した。一方、中国擁護の書簡も出され、途上国を中心に、批判側を上回る三七カ国、最終的には五〇カ国が賛同する事態となった。こうして国連人権理事会を舞台にその後もたびたび繰り返されることになる非難合戦が幕を開けた。

その間、欧米メディアは次々に流出した内部文書を入手し、世論を喚起した。二〇一九年一一月中旬、ニューヨーク・タイムズは内部文書について報道した。そこでとくに話題となったのが、休暇で帰省した学生たちの質問に対応するための想定問答集である。家族が施設に送られたことを知った学生から聞かれそうなこと、たとえば、家族はどこへ行ったのか、職業訓練であるならなぜ帰宅できないのか、なんらかの罪を犯したのか、などが列挙され、それぞれについて模範解答が示されていた。

それから程なくして、国際調査報道ジャーナリスト連合が先述の「中国電報」と呼ばれる資料について報道した。そこには「一体化統合作戦プラットフォーム」をつうじて「教育訓練」の分類者を抽出したことの報告のほか、自治区政法委員会が作成した「職業技能教育訓練センター」の運営マニュアルも含まれていた。これらの流出文書は中国が国家ぐるみで新疆のムスリム住民を弾圧し、その人権を侵害していることの証拠と見なされ、対中批判のうねりが形成される基礎となった。

そのわずか一週間後の二〇一九年一二月三日、アメリカ下院は「二〇一九年ウイグル人権法案」を賛成四〇七、反対一で可決した。トランプ政権に当局者への制裁の発動を求める同法案は、一月にマルコ・ルビオ上院議員によって提出され、九月に上院を通過していたが、そのときよりもさらに強い内容に修正されていた。それが圧倒的賛成多数で可決されたことは、新疆問題でいかに党派を超えた一致が形成されていたかを物語っている。

これに対し中国側は猛反発を見せた。中国外交部の華春瑩《かしゅんえい》報道官は、翌日に開かれた定例記者会見において、アメリカにも先住民虐殺の歴史があることを引き合いに出し、言葉を荒らげて、真っ向から反論した。先住民の問題は、中国国内の素朴な反米世論に根づいた主張でもあったが、この応酬によってアメリカをますます敵に回したことはいうまでもない。

続いて同月九日、中国側は記者会見を開き、今度は新疆ウイグル自治区人民政府主席のシ

全人代の新疆ウイグル自治区代表団の審議で言葉を交わすショフレト・ザキル（右）と陳全国（左）（2019年3月12日。写真：ロイター/アフロ）

ョフレト・ザキル、副主席のエルキン・トゥニヤズらを登板させた。ザキルはまず、アメリカのウイグル人権法は国際法違反の内政干渉であると主張した。そのうえで、アメリカの記者の質問に答えるかたちで、職業訓練の学生数が百万人を超えるというのは根拠のない嘘で、「三学一去」に参加した学生は全員卒業し、政府の援助のもとで就業し、幸福な生活を送っていると述べた。ここでいう「三学一去」とは、中国語・漢字、法律知識、職業技能の三つの学習と脱過激化（中国語では去極端化）を指している。要するに、脱過激化の観点から教育改造、職業訓練を受けた収容者は全員出所したと言い切ったのである。この発言を額面どおり受け取ることはできないが、いずれにせよ中国側はウイグル人幹部、それも新疆の現地民族幹部の頂点に立つザキルにそのようにいわせることで、問題の早期幕引きを図ったと見られる。

強制労働をめぐる攻防

新疆問題が米中対立の争点と化すなかで、あらためて注目されたのが、「職業技能教育訓練センター」の労働者育成機関としての面である。すでに二〇一八年には、職業訓練の名目で強制労働を課しているのではないか、「職業技能教育訓練センター」の衛星写真に工場と思しき建築物が見られるのは、その証拠ではないか、といった疑惑が浮上していたが、確たることはわからなかった。

そうしたなか、脱出者の証言、そして「新疆文書」「中国電報」「カラカシュ・リスト」といった流出文書が次々に報じられるにつれ、そもそも「職業技能教育訓練センター」の学生が自由意志で職業訓練に参加しているとはいえないという見方が強まった。そうであるならば、職業訓練を終えた修了者たちがその後、労働力となっていくこと自体、強制性の産物ではないか、という観点が提起されるようになった。

二〇二〇年三月にオーストラリア戦略政策研究所（ASPI）が発表したレポート「売りに出されたウイグル人：新疆をこえての『再教育』、強制労働、監視」は、そうした観点からの告発の嚆矢《こうし》となった。同レポートは、二〇一七年以降、中国内地の二七の工場でウイグル人の労働力が使われていること、それらの工場は八二の世界的なブランドのサプライチェーンに組み込まれていることを指摘した。労働者が拒否できない状況で職業訓練を受けさせ

ロイターが撮影した「職業技能教育訓練センター」の警備監視塔
（2018年９月４日。写真：ロイター/アフロ）

られ、労働させられているという告発は、たちまち世界各国の経済界で波紋を呼んだ。

それに対し中国側は、そもそも労働者は自由意志で職業訓練を受けて各地に移転したとの立場を取り、真っ向から反論を展開した。その過程で二〇二〇年九月に国務院が発表したのが、前出の「新疆の労働就業保障」白書である。白書の主張は要するに、中国は労働者の自由意志を尊重しつつ就業を促進してきたのであって、そのおかげで新疆の貧困人口は大いに減少したにもかかわらず、国外の反中勢力はその事実を捻じ曲げて、強制労働であると煽っているというものであった。中国はまた工場で就職したウイグル人労働者の様子を報道し、強制労働という指摘がいかに悪意ある中傷であるかを強調した。

新疆綿への飛び火と中国側の反駁

こうした中国の論理に欧米側は納得しただろうか。否、納得どころか、新疆の特産品である綿花の収穫も強制労働によっておこなわれているという新しい批判が起こった。その急先鋒となったのが、二〇二〇年一二月にアメリカのシンクタンク、センター・フォー・グローバル・ポリシーから発表された、エイドリアン・ゼンツのレポート「新疆における強制労働：労働力の移転と少数民族の綿摘みへの動員」である。そこでは新疆のムスリム住民が、少なくとも五七万人以上、綿花の収穫に強制的に動員されたとの指摘がなされた。

しかしこの議論は中国の「脱貧困」の論理と真っ向から対立するものであり、中国側の大反駁《はんばく》に遭う。たしかに貧困県などと認定された地域の政府は、二〇二〇年までの「脱貧困」のノルマ達成に前のめりになり、綿花収穫への動員を強引に進めていたようである。しかし中国側の認識からすれば、貧困層を貧困から脱却させるために綿花収穫の仕事をあてがったに過ぎなかった。さらに綿花収穫作業への動員を促進するために、託児所を手配し、高齢者のケア、家畜の世話まで保障する政策を打ち出していた。そうした立場からすれば、かくも手厚い「脱貧困」の支援に対し、感謝される筋合いはあっても、強制労働との批判は見当違いも甚だしいということになる。「脱貧困」と絡めて政策の正当性を主張するのは、職業訓練のときと同様である。日本の研究者のなかにも、これは「脱貧困」の一環としての動員であって、強制労働という証拠はないという見解を発表する人も現れた。

しかしそうした議論を聞くにつけて筆者が思い出すのは、在外ウイグル人がよく口にする、ウイグル人の尊厳という観点である。そもそも「貧困人口」であることの定義は上から与えられたもので、本人たちのあずかり知らぬところで決定されていた。それに基づく動員である。貧しくとも、動員には応じないという選択肢、あるいは政府から放っておいてもらう余地はあったのだろうか。それらがないのであれば、当事者の主観において強制的な動員と受け取られても仕方ないのではないだろうか。

子ども、高齢者、家畜への支援も、見方によっては、それらを理由に綿摘みにいかないという選択肢を封じているようにも見える。動員された人々は、動員を拒否すれば「職業技能教育訓練センター」へ収容されるという恐怖と隣合わせであったのではないだろうか。そうであるならば、強制労働の証拠はない、という一言で一方的に片付けられる問題ではないだろう。むしろ強制労働でないことを証明する証拠は、政府のプロパガンダ以外に何かあるのだろうか。

強制労働をめぐる議論は、二つの相異なる主観のぶつかり合いとなり、平行線となった。

二〇二一年三月には、新疆の綿花を調達しないと声明したH&Mが中国で不買運動に直面する事態が起こった。中国でビジネスをおこなうアパレル企業は、新疆綿の調達をやめて中国で抗議に遭うか、新疆綿を調達し続けて欧米で非難されるか、苦渋の決断を迫られた。それはまさに欧米の倫理と中国の論理の板挟みであり、双方の価値観の相違に起因するジレンマであった。

強制的な産児制限をめぐる攻防

ここまで新疆の現地ムスリムの大規模収容が、中国の新疆政策に対する世界的批判の着火点となり、次いで二〇二〇年にかけて職業訓練と強制労働の関係性が問題視された経緯を見てきた。ところでこの年には強制労働と並んでもうひとつ大きな論点が浮上した。強制的な産児制限をめぐる批判である。その急先鋒となったのは、ここでもエイドリアン・ゼンツであった。

二〇二〇年六月に発表されたゼンツのレポート「不妊、子宮内避妊用具（IUD）、強制的産児制限」は、二〇一八年に新疆において不妊手術の件数が急増したこと、同年の新疆におけるIUD装着件数が中国全体の実に八〇％を占めていたことなどを、中国の統計に基づいて指摘した。近年、中国全土では産児制限が緩められ、不妊手術やIUD装着の件数は減少傾向にあったが、新疆のとりわけ南部ではそれとは明らかに異なる増加傾向が見て取れた。

そのためゼンツは、新疆における強制的な産児制限は、集団殺害罪の防止及び処罰に関する条約（ジェノサイド条約）の第二条d項「集団内における出生を防止することを意図する措置を課すること」に該当するとして、「ジェノサイド」にあたると主張した。

この報告書が出されると、アメリカ社会にたいへんなショックを与え、マイク・ポンペオ国務長官も「ショッキング」とコメントした。妊娠中絶がたびたび政治的な争点として浮上する国にあって、多くの人がこの問題に敏感に反応した。保守系から、不妊手術の奨励に対する非難が生じたことはいうまでもない。さらに不妊手術に強制性があるとなると、いわゆる左派のあいだでも批判の声が上がるようになった。

一方、中国側は、これを荒唐無稽《こうとうむけい》として退けた。中国側の言い分は、これまで漢族には原則として一人の出産しか認められなかったなか、新疆の少数民族に対しては、二人ないし三人の出産を特別に認めてきた。ただそれより多くの子どもを産むことは違法であり、法を厳格に適用し、「テロ」の温床ともなっている貧困世帯の多産を解消することとした。そうすれば、「テロ」も貧困もなくなり、女性も出産や育児から解放され、良いことずくめであるというものであった。要するに、ここでも「反テロ」「脱貧困」などの政策論理から自己正当化したのである。

こうした中国の主張は、欧米の価値観に照らして、説得力を持つものではなかった。欧米側から見れば、そもそも人間の生殖が、なぜ政府によって介入されなければならないのかが不明である。なぜ中国政府は神からの授かりものである子どもの数を制限する権利があるのか、これはまさに一九八〇年代から九〇年代にかけて、まだ抗議が可能であった頃の新疆において、現地ムスリムが提起した批判であった（第3章参照）。それはイスラームの価値観に影響されたものであったが、今や欧米において、キリスト教的な価値観、それから自由な自己決定権の理念と結びつき、主要な論調となったのである。

もちろん、そうした中国批判への反論も存在する。不妊手術を受けると、年金や子どもの大学進学などの面でさまざまな恩恵が与えられるという、経済的インセンティブを指摘する向きもある。たしかに中国社会の一般論として、そのような経済的インセンティブから不妊手術の増減を説明することは可能であろう。しかし法が制限するよりも多くの子どもをすでに産んでしまった家庭の場合、今さら不妊手術を受けても、恩恵が与えられるかは不明である。

むしろ注目されるのは、先述の「カラカシュ・リスト」において、制限を超えた出産が収容理由の半数近くにのぼったことである。くしくもカラカシュ県で収容が相次いだ二〇一七年から一八年にかけては、不妊手術が急増した時期にあたる。不妊手術が急増した背景には、法を遵守する姿勢を示すことで、収容された家長の罪を少しでも軽くする、あるいは将来の収容を免れる目的があったのではないだろうか。そうであるとすれば、不妊手術の急増は、収容の恐怖と密接に関係していたと考えられる。

ジェノサイド批判と中国の反撃

強制的な産児制限に関する指摘は、欧米世論が党派を超えて中国の新疆統治を「ジェノサイド」と見なすようになる、最後のひと押しとなった。中国は新疆のムスリムを収容し、強制労働させただけでなく、さらに産児制限まで強制する国であるという認識が広まった。二〇二一年一月一九日、アメリカのポンペオ国務長官は、中国がウイグル人はじめ新疆のムスリムを抑圧する過程で、「ジェノサイド」を犯したとする声明を発表した。その後発足したバイデン政権もこの見解を継承した。二月にはカナダの議会下院が、四月にはイギリスの議会下院が、中国による弾圧は「ジェノサイド」であると認定する動議をおこなった。

欧米諸国の中国非難とそれに対する中国側の反発は、国連を舞台に多くの国々を巻き込んだ対立へと発展した。すでに述べたように二〇一九年七月には、国連人権理事会において中国批判と中国擁護の書簡それぞれに賛同国が分かれる分断的な状況が生まれていたが、その後二〇二〇年一〇月、二〇二一年六月、一〇月にも同じような非難合戦が起こった。

しかしいずれの声明合戦においても、欧米を中心とする批判側は、数において劣勢であった。アジア、アフリカの途上国を中心に中国への支持が見られたからである。二〇二一年六月に欧米諸国を中心に四四ヵ国が、新疆、香港、チベットの人権状況を懸念する共同声明を発表した際には、六九ヵ国が中国擁護の声明に署名している。二〇二一年一〇月にも、今度は国連総会第三委員会（人権）の会合で、フランスが四三カ国を代表して新疆の人権状況への懸念を表明したが、中国擁護側の共同声明には六二ヵ国が名を連ねた。いずれも中国側に多数派がついており、これを受けて中国側が勢いづいたことはいうまでもない。

中国側は当初は人権を口実に中国の内政に干渉することへの断固反対を表明していたに過ぎなかったが、次第に欧米諸国の人権問題を逆に追及する姿勢を強め、反転攻勢に出た。その一例として、二〇二一年六月二三日に開かれた中国外交部の定例記者会見における趙立《ちょうりつ》堅《けん》報道官の以下の発言を挙げたい。

「カナダ、米国、英国などの一部西側諸国は『人権の裁判官』を自負し、『人権の先生』を偉そうに気取っているが、自分のところの深刻な人権問題を見て見ぬふりをし、避けている。それぞれの国の人権の記録は痛ましい限りで、先住民の児童は迫害され、警察の暴力は日常茶飯事、レイシズムは根強く残り、銃が濫用され、ユダヤ、ムスリム、アジア系、アフリカ系移民に対するヘイトが頻繁に発生し、他国への軍事干渉は深刻な人道危機を招き、一方的な強制で他国の基本的人権を侵害する。このようなたくさんの汚点と罪を前に、彼らはどのような資格で他国の人権状況にあれこれ口出しするのか？　自分自身を鏡でよく見て深刻に反省し、自国の深刻な人権問題を解決する措置をとるようご忠告申し上げる」。

趙立堅の言葉には、内政干渉への嫌悪感、欧米のダブル・スタンダードへの不快感が見て取れる。たしかにこうした点は、途上国や非民主体制の国からの共感を呼んだと考えられる。ほかにも中国に多数の賛同が集まる背景として、中国が国連外交において味方を着実に増やしてきたこともある。それから途上国のあいだでは、中国による「一帯一路」関連の投資、新型コロナウイルス感染症関連の支援に強い期待があることなどさまざまな要因が挙げられる。

宣伝における中国の巻き返し

趙立堅の態度からも明らかなように、中国は新疆の問題について、欧米側からの批判を頑として受け入れず、逆に反撃に出たが、これは単なるパフォーマンスにとどまらなかった。中国は宣伝を強化し、新疆に欧米のいうような問題はないことを愚直なまでに立証しようとした。中国は正しい政策をおこなっている、間違っているのは欧米であるとの確信のもと、中国から見れば「事実無根」の批判の打ち消しが図られたのである。

まず収容への批判に対しては、新疆のムスリムが職業訓練を経て、過激主義と貧困から解放され、幸福に仕事に励み、安定した生活を送っている姿が、各種メディアで発信された。強制労働への批判に対しては、機械化が進み、人間が手作業で綿摘みをする必要がなくなった綿花畑の様子などが映し出された。そして強制不妊への批判に対しては、幸せに暮らしていると主張する女性、とくに育児中の母親の姿をもって応じた。

日本でも二〇二一年六月に中国大使館が「美しい新疆」オンライン交流会を開催した。新疆ウイグル自治区からはショカト・イミン自治区人民代表大会常務委員会主任が出席し、「ジェノサイド」批判について「人類史上最大の冤罪事件」であると主張した。その後、選ばれた新疆の住民が次々に登場し、教育訓練センターは強制収容所ではなく、ただの学校である、綿花の収穫は機械でおこなわれ、高収入を得ている、強制的な不妊という説はまったくでたらめであるなどと述べ、中国側の主張を支える証言の役割を果たした。

新疆から発信された多くの動画が主張しているのが、幸せな生活を送っているという点である。二〇二一年一二月一九日放送のNHK特集番組「〝多民族国家〟の葛藤」(中国新世紀第五回)において言語解析の結果が報じられた。それによれば、「幸福」「自由」「安定」「豊か」といった言葉が、特定のキーワードとして浮上したという。同じような言葉が、多くの現地ムスリムの口から、まさに異口同音に発信されており、同じ時刻に、まったく同じ投稿をおこなう不審なアカウントも二百以上発見されたという。中国政府の奏でる主旋律に沿って、さまざまな証言が新疆の住民の口を借りて拡散され、中国国内はもちろん、国外にも流布されたのである。

陳全国の離任

こうして二〇二一年には中国の新疆政策は一段落を迎えることとなった。欧米からの批判は、中国から見れば、ひとまず乗り越えたと見てよかった。もしまた何かいってきたら、今度は黒人差別の問題を突いてもよいし、先住民の件を蒸し返してもよかった。国内では「テロ事件」のない年が何年も続いていることが、新疆政策の成功を何よりも物語っているとして盛んに称えられた。新疆において政策を主導した陳全国、朱海侖らは、アメリカ、ＥＵの制裁対象となったが、それも国内では名誉の勲章のようなものだった。

二〇二一年一二月、陳全国はついに新疆ウイグル自治区党委員会書記から離任することとなった。陳全国は、国外からは抑圧的政策を執行した張本人として見られているが、中国の文脈でいえば「テロ」の根絶を成し遂げた立役者ということになる。二〇二二年三月現在、陳が失脚したという情報はない。ただ「反テロ」と「脱貧困」に一定の目処がついたところで、お役御免になった可能性は否定できない。今後、米中が妥協に向かう際には、陳の存在が障害になることも考えられたからである。

陳全国の離任にともない、新書記に就任したのは馬興瑞《ばこうずい》という人物であった。馬はもともとハルビン工業大学の教員で、中国航天科技集団に移り、二〇〇七年に同集団の総経理に上り詰めた。二〇一三年に工業情報化部副部長に就任後、広東省党委員会副書記、深圳《しんせん》市党委員会書記、広東省長などを歴任した。その馬興瑞が新疆に送り込まれた背景に関して、科学技術の専門家また広東省の政治指導者としての経験を活かして、新疆の経済発展を指導することが期待されているといわれる。そうであるとすれば、新書記のもとで、新疆政策の軸足が「反テロ」から再び経済発展に移る可能性も考えられよう。政策をソフトな方向に導く演出をすれば、国連の視察団を迎え入れる準備にもつながろう。

しかし、これまでの「反テロ」政策が全面的な緩和に向かうかといえば、その道筋は明らかでない。陳全国の後任として馬興瑞のような沿海部の指導者に白羽の矢が立った背景には、馬興瑞のこれまでの経歴が、新疆なり民族政策なりとなんら関わりがないことも関係していると見られる。近年の習近平政権の人事には、敢えて非専門家を登用することで、管理を強化する特徴がある。たとえば、二〇二〇年に相次いで交代となった中央政府駐香港連絡弁公室（中連弁）主任、国務院香港マカオ事務弁公室（港澳弁）主任、国家民族事務委員会主任の人事がそうであった。馬興瑞の人事にもまた、敢えて現地社会としがらみのない人物を起用することで、現地社会を厳しく取り締まる布陣を固める狙いがあると考えられる。

終章　新疆政策はジェノサイドなのか

ジェノサイドとは何か

新疆の抑圧的状況は、二〇世紀に発明された「ジェノサイド」という概念で形容されることが多くなっている。「ジェノサイド」とは、第二次世界大戦中にポーランド系ユダヤ人の弁護士ラファエル・レムキンによってつくられた言葉である。当時のナチスによるユダヤ人の組織的な収容、虐殺を言い表す表現として、人種や部族を意味するギリシア語の genos と、殺すことを意味するラテン語由来の cide を組み合わせて創り出された。

一九四八年に国連で採択された集団殺害罪の防止及び処罰に関する条約（ジェノサイド条

約）の第二条では、「ジェノサイド」とは、「国民的、人種的、民族的又は宗教的集団を全部又は一部破壊する意図をもつて行われた次の行為のいずれをも意味する」とされている。

（a）集団構成員を殺すこと。
（b）集団構成員に対して重大な肉体的又は精神的な危害を加えること。
（c）全部又は一部に肉体の破壊をもたらすために意図された生活条件を集団に対して故意に課すること。
（d）集団内における出生を防止することを意図する措置を課すること。
（e）集団の児童を他の集団に強制的に移すこと。

（『多数国間条約集（上巻）』一二一六頁）

新疆の問題に関していえば、とりわけ現地ムスリムに対する強制的な産児制限が、この（d）項に該当するという見方がある。第6章で論じたように、アメリカで活躍する研究者エイドリアン・ゼンツがこうした見解を発表し、世界的な反響を呼んだ。そこでは新疆における出生率の急落、不妊手術の件数の急増などが、「ジェノサイド」がおこなわれていることの証拠とされた。

しかしいっそう重要なことは、「職業技能教育訓練センター」への大規模収容が、もともと欧米の人々の感覚では、ナチスによるユダヤ人強制収容を彷彿させるものであったことであろう。それに前後して収容者の子どもが施設に移され、中国語教育を受けさせられていることも、前述の第二条（e）項との関連で指摘されるようになった。そのため「ジェノサイド」という表現は、欧米の多くの人々のあいだで、比較的抵抗なく受け入れられたと考えられる。アメリカ、カナダ、イギリスなど欧米各国において、中国が「ジェノサイド」を犯したと声明、決議する動きが急速に広まった背景には、こうした事情があった。

日本における議論の広がり

このように近年の新疆政策に対する「ジェノサイド」批判は、まずアメリカにおいて提起され、欧米各国に広まったが、中国の民族政策が「ジェノサイド」と批判されることは、今回がはじめてではない。一九六〇年代後半から七〇年代にかけて、文化大革命の過程でおこなわれた虐殺、拷問、その他さまざまな抑圧に、「ジェノサイド」的な面があったことを検証する研究が、以前からおこなわれていた。特にそうした研究を牽引してきたのが、日本に研究拠点を置く文化人類学者で、中国内モンゴル自治区出身の楊海英（大野旭《あきら》）であった。

楊海英は文化大革命期のモンゴル人地域（内モンゴル）において現地のモンゴル人が主に

漢人による凄惨な殺戮《さつりく》の対象となったことを、膨大な資料を用いて論証してきた。その資料の多くは公開されており、『モンゴル人ジェノサイドに関する基礎資料』と題する大部な資料集がこれまで一四巻刊行されている。モンゴル人への組織的抑圧に関して、これだけまとまった資料集は、世界的に見ても類がないだろう。

もちろん楊海英の研究に対しては、抑圧の被害者は必ずしもモンゴル人とは限らず、人口の大多数を占める漢人もまた文化大革命で被害にあったのではないかという批判もありえよう。たしかに中国全体で見れば、文化大革命期に上は劉少奇から、下は無名市民に至るまで、多くの漢人が犠牲になった。しかし内モンゴルでは、モンゴル人がモンゴル人であるというだけで、漢人よりも遥かに厳しく忠誠心を疑われ、遥かに簡単に組織的暴力のターゲットとなっていたことは紛れもない事実である。その意味では、中国の民族政策に「ジェノサイド」的な性格が潜んでいたということは、無視できない指摘である。

こうした研究史が背景にあって、現下の新疆問題に関しても、楊海英を中心に、その「ジェノサイド」的性格を問う論考や書物が次々に現れている。楊海英と日本在住のウイグル人で日本ウイグル協会の会長である于田《うだ》ケリムの対談を収めた『ジェノサイド国家中国の真実』はその代表例である。また新疆出身の研究者であるムカイダイスが著した『在日ウイグル人が明かすウイグル・ジェノサイド』も刊行された。こうした動きを受け、巷間では「ジェノサイド」という言葉の使用が広がりを見せている。

日本の国会では欧州諸国のような「ジェノサイド」決議はなされず、二〇二二年二月に衆議院本会議で可決された人権決議は、中国に忖度《そんたく》した結果、中途半端なものになったと批判されている。しかし各地の地方議会では、中国への毅然とした対応を求める声が上がっている。また国連人権理事会では、日本は常に中国の新疆政策を批判する声明に名を連ねている。日本のメディアも、二〇二一年一二月一九日放送のNHK特集番組「〝多民族国家〟の葛藤」（中国新世紀第五回）はじめ、この問題を正面から取り上げるようになった。日本も欧米ほどではないが、「ジェノサイド」論は徐々に、しかし確実に受け入れられつつある。

二〇世紀の概念でくくれるのか

ここで新疆の歴史的歩みを論じてきた本書の観点から、「ジェノサイド」という概念と現実の中国の新疆政策が、どの程度整合し、どの程度異なるのか、改めて考えてみたい。中国の新疆政策、とりわけ産児制限には「ジェノサイド」的な側面があるとしても、そもそも産児制限は漢人に対していっそう厳格におこなわれてきた経緯がある。漢人には原則としていわゆる一人っ子政策がとられたのに対し、ウイグル人など少数民族は複数の子どもの出産が公に認められていた。しかし中国共産党が漢人に対して「ジェノサイド」をおこなったとは、普通はいわれない。それではなぜ新疆のムスリムに対する産児制限の強化が「ジェノサイド」になるのか。

本書の第6章で論じてきたように、産児制限の強化が「職業技能教育訓練センター」への収容の恐怖と密接に関係していた可能性がある。不妊手術が急増した背景には、法を遵守する姿勢を示すことで、収容された家長の罪を少しでも軽くする、あるいは将来の収容を免れる目的があったと推測される。さらにいえば、主に第4章で論じたように、産児制限はじめ各種政策に対する反対の声が一方的に弾圧された経緯もあろう。抗議をすれば「テロリスト」と見なされて鎮圧され、その挙げ句の産児制限の強化である。不本意ながら不妊手術をさせられた人々、その家族の心情に照らして、他民族による形容しがたい抑圧的支配を、ひとまず「ジェノサイド」という概念で表現したいという気持ちは、十分理解できる。

しかしそうした抑圧的支配をいい表す表現として、「ジェノサイド」という二〇世紀に発明された概念は、果たして適切なのだろうか。「ジェノサイド」という既存の概念で新疆問題の全体像をとらえきれるのか。こうした根本的な問いに対して、欧米の研究者も日本の研究者も、これまできちんと向かい合ってこなかったのではないだろうか。

もちろん中国のプロパガンダに基づいて抑圧の存在を矮小化《わいしょうか》する議論をしたいのではない。むしろこの問いかけは、「ジェノサイド」の概念を上回る抑圧的支配の新概念を模索するものである。「ジェノサイド」という概念は、必ずしも殺害行為に限られないが、語源をたどれば殺すことに力点がある。それに対し、中国の新疆政策はさまざまな政策の束である。必ずしもそのすべてが「ジェノサイド」という概念にうまくなじむとは限らない。

ここで新疆政策について簡単な整理をおこないたい。新疆政策の束のうち、非難が集まっているものには、少なくとも以下の点がある。

①産児制限の厳格化、不妊手術の奨励など、いわば次の世代を殺す措置
②「職業技能教育訓練センター」への収容、教育改造、労働者育成
③綿花畑での綿摘みへの動員、内地への集団就職の斡旋《あっせん》など、労働力を活用する措置
④先端技術、親戚制度などによる徹底的監視
⑤中国語（漢語）教育の普及、「中華民族共同体意識」の鋳造（確立）、イスラームの中国化といった同化

ここには①産児制限の厳格化のように次の世代を殺す措置もあれば、②「職業技能教育訓練センター」への収容、教育改造、労働者育成、③綿花畑での綿摘みへの動員、内地への集団就職の斡旋など、労働力を活用する措置のように、暴力、拷問などを伴いつつも、労働力

を生かしておくことに力点が置かれるものもある。④親戚制度も大変な人権問題をはらんでいるように思われるが、親戚として生きることを強要されているという意味では、これまで人類が経験したどの「ジェノサイド」よりもグロテスクかもしれない。

これら新疆問題の諸相を、一緒くたに「ジェノサイド」という概念でくくることは、果たして可能なのかという問題が横たわっている。問題が深刻でないといいたいのではない。新疆問題は、「ジェノサイド」という七〇年以上前につくられた概念では、もはや表現しきれないほど進化した次元に達しているのかもしれない。結論を急ぐ前に、次に述べる「文化的ジェノサイド」という概念についても見てみたい。

文化的ジェノサイド

中国の新疆政策には、「ジェノサイド」というより、民族の文化の抹殺を意味する「文化的ジェノサイド」という言葉のほうがしっくりくる部分がある。その最たるものが、⑤中国語（漢語）教育の普及、「中華民族共同体意識」の鋳造（確立）、イスラームの中国化といった同化であろう。

第6章で論じたように、労働力として生かされた現地ムスリムは、中国語（漢語）の教育、中華民族としての意識の確立といった改造を経て、まっとうな中国人に生まれ変わることが期待され、そう強いられている。教育改造をしても、まっとうな中国人にならなかった側は、その過程で弾き落とされ、どこかに消えていくが、選別によって生かされた側もまた存在する。しかし生かしておくからといって、それでよいということにはならない。むしろいっそう根深い問題をはらんでいる。

選別され矯正された側には、労働者として工場ではたらくなどして「中国の夢」を支える生き方が与えられる。ここで重要となるのが、⑤「中華民族共同体意識」の鋳造（確立）である。とりわけ二〇一七年の第一九回党大会以降、習近平は「中華民族共同体意識」を全中国の人々の心のなかに鋳造（確立）させることを、事あるごとに強調している。新疆のムスリムも例外ではない。下手な中国語であっても、中国語を使い、ウイグル人やムスリムなどとしてではなく、中華民族の一員としての自覚を持って生きていくことが求められている。

このような同化政策に対し、これは「文化的ジェノサイド」であるとの指摘がある。もともとの文化を奪われる側から見れば、同化政策によって文化的に殺されたという思いから、「文化的ジェノサイド」という表現がしっくりくるのだろう。被害者がこれも一種の「ジェノサイド」と思うのは当然の心理かもしれない。

「文化的ジェノサイド」の場合、文化を奪われた人の大半は、その場では殺害されず、その後も生き続けることになる。ウイグル人あるいはその他ムスリムとして生まれ、中華民族として生きるよう教育改造された人々は、漢人とは明らかに異なる背景を持ちながらも、中国語を話し、中華民族のふりをして、中国社会の片隅で生きていかなければならない。中国語が不得手であれば、社会的上昇は見込めない。あるいは漢人でないというだけで、二等市民的な扱いを受けることもあろう。この種の生きる苦しみは長期にわたるものとなり、今後の民族間関係に深い影響を与えるだろう。

目的は民族の改造

以上見てきたように、新疆政策の一部には、たしかに「ジェノサイド」ないし「文化的ジェノサイド」に重なるものがある。しかしそうした政策の根本的な目的は、集団の破壊なのだろうか。ジェノサイド条約のいう「ジェノサイド」に該当するには、集団の破壊を目的としている必要がある。中国共産党政権は「国民的、人種的、民族的又は宗教的集団を全部又は一部破壊する意図」(ジェノサイド条約第二条)をもって、上記の①から⑤までの政策を展開しているのだろうか。

これまで明らかにされた流出文書や資料から、政策の根本的な目的が民族的集団の破壊と跡づけることは、それほど簡単ではない。たしかに習近平は「テロリスト」に容赦なく対応すべきであるという発言をしていたとされるが、ウイグル人なりその他新疆の民族の破壊、抹殺、殲滅《せんめつ》を指示してはいない。ありていにいえば、ヒトラーがユダヤ人という民族全体に向けた敵意と同じようなものを、習近平のウイグル人に対する言説のなかに見出すことは困難である。

それどころかむしろ、中国共産党政権のいい方では、ウイグル族（人）は中華民族の一部であることになっている。ウイグル人はそこから排除され、消される運命にあるのではなく、中華民族のなかにいてもらわなければならない。それゆえの親戚制度であり、収容による教育改造ということになる。一見すると善意のような政権側の認識が、有無をいわさぬ強制的措置を生み出している面がある。

実際にウイグル人が完全に排除されていないことは、膨大な数の党員、幹部が、ウイグル人はじめ現地ムスリムのなかから絶えず登用され、養成されていることに見出せる。収容の動きが加速した二〇一七年前後においても、少数民族幹部の起用が指示されている。それからウイグル語が完全に排除されていないことも注意に値する。新疆における党機関紙『新疆日報』のウイグル語版は、二〇二二年三月現在もなお刊行を続けている。

こうした観点から見ると、現下の新疆政策は民族の破壊というより民族の改造を目的としているのではないだろうか。中国国家にうまくなじまない人間や信用度の低い人間は淘汰《とうた》される。排除対象となった人々には、無慈悲な結末が待っている。しかし消された人々の代わ

ディルラバ・ディルムラト（2018年3月30日。提供：アフロ）

りに、祖国を熱愛し、党に対して絶対の忠誠心を有する別の人間が、ウイグル人なりカザフ人なり現地のムスリムのなかから生み出される。これは共産党政権がこれまでたびたびおこなってきた幹部の入れ替えに他ならない。この入れ替えのメカニズムが習近平政権下では、社会全体に拡大しておこなわれたと見ることもできよう。

中華民族として生きていくしかないのか

このように見ると、ウイグル人はじめ現地ムスリムは、根絶やしにされているとまではいえない。一部は淘汰されたが、その他は生き残り、あるいは学校で教育を受け、あるいは収容されて改造を受け、中華民族として生まれ変わって、生きていかなければならないことになる。

死を免れたからといって、問題がないということにはならない。反発したり抗議したりすることは許されない。ましてや独立を企んだりしてはならない。ただひたすら中華民族の一員として、祖国中国を賛美し、漢人と団結していなければならない。二等市民的扱いを受けても、中国共産党の政策にただただ感謝して生きていかなければならない。そして政権側は、選別された現地ムスリムには社会的上昇の道を与える。そこに飛びつく人も出てくる。あらがえない同化の流れに押し流されるように、人々は生きていくほかない。「ジェノサイド」という言葉では表しきれない、生の苦しみがそこにあるのではないだろうか。

最後に、二〇二一年に配信された大ヒットドラマ「あなたは私の誇り」（你是我的栄耀）を紹介したい。このドラマのヒロインは、ディルラバ・ディルムラトというウイグル人の女優であった。ドラマのなかでディルラバは、ウイグル人としての属性を何ら示すことなく、中国語を話し、中国航天科技集団のエンジニアと恋愛し、結婚する、ふつうの中国人（漢人）女性を演じている。

それはまさに、中国の文脈における、まっとうな中華民族となったウイグル人の、ひとつの「あるべき姿」であろう。中国国家の枠組みのなかでウイグル人に与えられ、許された、数少ない生きる道が、ここに現れているといっても過言ではないだろう。

あとがき

本書は、中国共産党政権による「解放」から近年の収容政策に至る、新疆の近現代史をテーマとしている。中国の新疆統治という、たいへん敏感なテーマを取り上げるにあたって、どのような観点に立つかが重要になろう。新疆問題には大きく分けて、第一に在外ウイグル人、欧米側からの批判、告発の観点があり、第二に中国側の主張、反論の観点が存在する。それぞれの主張は当然ながらそれぞれの主観を反映して、譲らない。互いが非難し合う関係にあるだけに、それぞれに都合の悪い事実は語らない傾向もあろう。

それに対し、筆者は第三者的な立場から本書を書くよう心がけた。できるだけ自己抑制し、どちらの勢力にも与《くみ》せず、近現代新疆の通史を客観的に論じたつもりである。それには理由がある。新疆という地域の通史が、日本語のものとしては、ほぼ存在しないからである。小松久男《ひさお》編『中央ユーラシア史』(山川出版社、二〇〇〇)に収められている関連部分があるが、すでに刊行から二〇年以上が経っている。近年、新疆問題が注目を集めるなか、誰かが新たに通史を書かないわけにはいかない。中央公論新社の田中正敏氏に誘われ、できるだけ客観的で、学術的に信頼できる簡便な通史をつくろうと一念発起し、本書を執筆した。

もちろん筆者は本書で扱ったすべての時代、分野に通じているわけではない。筆者の専門は中国とソ連の民族政策であり、最もコアな専門は、少数民族エリートの任用や入れ替えの歴史である。したがって、自分の専門でない分野については、今回改めて国内外の研究に学び、吸収する必要があった。その内容、まとめ方において至らない点、また取りこぼしなどがあれば、どうかご指摘いただきたい。また本書は一般向けの新書として読みやすさを重視した。そのためあえて注をつけず、参考文献をまとめて掲載する形式をとることにした。この点については、どうかご海容いただきたい。

新疆という地域の歴史を一冊の通史としてまとめる作業が、筆者の手に余ることは自覚している。しかし、日本語の文献としては前例のない挑戦である。本書が今後の現代新疆研究を盛り上げるうえでの叩き台になれば望外の喜びである。

本書をつくるにあたって多くの方のお世話になった。ウイグル人の友人には、本書のテーマが敏感なため名前はあえて挙げないが、心から「ラフメト」（ウイグル語でありがとう）といいたい。私が一章を書くごとに、常に最初の読者になっていただき、またいつも相談相手になってくださった。聞き取り調査にこころよく応じてくださったウイグル人の方にも、お礼申し上げたい。カザフ人や漢人の友人にも研究上のさまざまな示唆を与えていただいたことに感謝している。

本書の内容に関連して、これまでさまざまな研究会、シンポジウム、セミナー等で研究報告をおこなう機会に恵まれた。本書を執筆していた約一年間に、アジア経済研究所、霞山会、経団連21世紀政策研究所、中曽根康弘世界平和研究所、日本国際フォーラム、日本国際問題研究所、JOGMEC等（五十音順）で、中国の新疆政策に関する報告の機会をいただいた。科研費学術変革領域（A）「紛争影響地域における信頼・平和構築」のワークショップでも、政府と民衆の信頼の観点から報告をさせていただいた。新宿塾講演会では、経済界OBの方々を前に、僭越《せんえつ》ながら新疆問題の諸相について講演させていただいた。お名前をすべて挙げることはできないが、多くの方々が、本書につながる研究を温かく応援してくださり、研究の励みとなった。また研究会の質疑応答ではたくさんのご教示をいただき、研究の糧となった。深くお礼申し上げたい。

また本書は、科研費若手研究「中国新疆政策の分岐点：少数民族の解放から収容へ」をはじめ、以下の科研費の成果の一部である。ここに謝意を表したい。

基盤研究（Ｂ）「近現代中央ユーラシアにおけるタタール人ディアスポラと社会・文化変容」（１９Ｈ０１３２３）
研究活動スタート支援「中国少数民族政策と歴史的制度論」（１９Ｋ２０８７５）
学術変革領域研究（Ａ）「紛争影響地域における信頼・平和構築」（２０Ｈ０５８２９）
基盤研究（Ｂ）「現代新疆における少数民族の文化動態に関する研究：民族言語出版物からの検討」（２０Ｈ０１３３１）
基盤研究（Ｃ）「『国なき民』の出版と民族意識：クルドとウイグルの比較から」（２１Ｋ１２４２１）
若手研究「中国新疆政策の分岐点：少数民族の解放から収容へ」（２１Ｋ１３２４０）

個人的なことになるが、昨年四月に着任した法政大学法学部（国際政治学科）には、自由な環境を与えていただいたことに、たいへん感謝している。ゼミや講義で何回かにわたって新疆の政治と社会の問題を取り上げた際には、学生との対話から多くの気づきを得た。とくに私のゼミの一期生になった四人には、ありがたく思っている。またあやしげな簡体字資料の検収を、常にサポートしてくださっている法学部資料室、研究開発センターの皆さんにもこの場を借りてお礼申し上げたい。それから本書の参考文献リストの作成等では、法政大学学生の原瑞希さんに臨時研究補助員として助けていただいた。終章で言及したウイグル人女優ディルラバについても、実は原さんに教えていただいたものであることを付記したい。

最後に、本書の執筆を辛抱強く支えていただいた中央公論新社の田中正敏氏にお礼申し上げたい。本書の依頼を受けたとき、果たして自分に書けるのかと戸惑ったというのが正直な心境であった。火中の栗を拾う思いで引き受けたが、諸事に追われてまとまった執筆時間がとれず、結局一年以上かかってしまった。それでもなんとか書き切ることができたのは、ひとえに田中氏がいつも見ていてくださったおかげである。ここに深く感謝の意を記したい。

令和四年三月　お花見の季節に研究室にて

熊倉　潤

https://www.jpolrisk.com/karakax/#more-2545
中華人民共和国中央人民政府「新聞弁新疆穏定発展有関情況挙行新聞発布会」2019年12月9日http://www.gov.cn/xinwen/2019-12/09/content_5459657.htm
中華人民共和国国務院新聞弁公室「《新疆的労動就業保障》白皮書（全文）」2020年9月17日http://www.scio.gov.cn/zfbps/ndhf/42312/Document/1687708/1687708.htm
中華人民共和国駐日本国大使館「駐日中国大使館、『美しい新疆』オンライン交流会を開催」2021年6月13日http://www.china-embassy.or.jp/jpn/dsgxx/t1883571.htm

終　章

于田ケリム、楊海英『ジェノサイド国家　中国の真実』（文春新書、2021）
外務省条約局編『多数国間条約集（上巻）』（外務省条約局、1962）
レオ・クーパー（高尾利数訳）『ジェノサイド：20世紀におけるその現実』（法政大学出版局、1986）
熊倉潤「連載“習近平の中国”：ヤヌス像のアナトミー5『鋳造者』習近平：中華民族共同体意識を鋳造する民族政策」『東亜』656, 2022：76-83
前田朗『ジェノサイド論』（青木書店、2002）
楊海英『ジェノサイドと文化大革命 内モンゴルの民族問題』（勉誠出版、2014）
楊海英編『モンゴル人ジェノサイドに関する基礎資料』（1-14巻、風響社、2009-2022）
Adrian Zenz, “China's Own Documents Show Potentially Genocidal Sterilization Plans in Xinjiang,” *Foreign Policy,* July 2020. https://foreignpolicy.com/2020/07/01/china-documents-uighur-genocidal-sterilization-xinjiang/

https://www.bbc.com/news/av/world-asia-china-48667221.
Bethany Allen-Ebrahimian, "Exposed: China's Operating Manuals for Mass Internment and Arrest by Algorithm," International Consortium of Investigative Journalists, November 24, 2019. https://www.icij.org/investigations/china-cables/exposed-chinas-operating-manuals-for-mass-internment-and-arrest-by-algorithm/
Darren Byler, "China's Government Has Ordered a Million Citizens to Occupy Uighur Homes. Here's What They Think They're Doing," ChinaFile, October 24, 2018. https://www.chinafile.com/reporting-opinion/postcard/million-citizens-occupy-uighur-homes-xinjiang
Human Rights Watch, " 'Eradicating Ideological Viruses': China's Campaign of Repression Against Xinjiang's Muslims," September 2018.
https://www.hrw.org/sites/default/files/report_pdf/china0918_web.pdf
Austin Ramzy and Chris Buckley, " 'Absolutely No Mercy': Leaked Files Expose How China Organized Mass Detentions of Muslims," *The New York Times*, November 16, 2019.
https://www.nytimes.com/interactive/2019/11/16/world/asia/china-xinjiang-documents.html
Sean R. Roberts, *The War on the Uyghurs: China's Internal Campaign against a Muslim Minority* (Princeton, N. J. : Princeton University Press, 2020)
Jun Sugawara and Rahile Dawut (eds.), *Mazar: Studies on Islamic Sacred Sites in Central Eurasia* (東京外国語大学出版会、2016)
Shannon Tiezzi, "Bethany Allen-Ebrahimian: What the 'China Cables' Tell Us About Xinjiang," The Diplomat, December 4, 2019. https://thediplomat.com/2019/12/bethany-allen-ebrahimian-what-the-china-cables-tell-us-about-xinjiang/
Vicky Xiuzhong Xu, Danielle Cave, James Leibold, Kelsey Munro and Nathan Ruser, "Uyghurs for Sale: 'Re-education', forced labour and surveillance beyond Xinjiang," Australian Strategic Policy Institute, March 1, 2020. https://www.aspi.org.au/report/uyghurs-sale/
Adrian Zenz, "Coercive Labor in Xinjiang: Labor Transfer and the Mobilization of Ethnic Minorities to Pick Cotton," Center for Global Policy, December 2020. https://newlinesinstitute.org/wp-content/uploads/2020/12/20201214-PB-China-Zenz-1.pdf.
Adrian Zenz, "Sterilizations, IUDs, and Mandatory Birth Control: The CCP's Campaign to Suppress Uyghur Birthrates in Xinjiang," The Jamestown Foundation, June 2020. https://jamestown.org/wp-content/uploads/2020/06/Zenz-Internment-Sterilizations-and-IUDs-REVISED-March-17-2021.pdf?x45379.
Adrian Zenz, "The Karakax List: Dissecting the Anatomy of Beijing's Internment Drive in Xinjiang," *The Journal of Political Risk*, 8 (2), 2020.

28601824.html
中共中央党史研究室編『習仲勲記念文集』（北京：中共党史出版社、2013）
中国新聞網「習近平治疆一年多来指示 30 余次 反恐和経済是重点」2014 年 5 月 5 日 http://www.chinanews.com/gn/2014/05-05/6130744.shtml
中華人民共和国中央人民政府「中華人民共和国反恐怖主義法（主席令第三十六号）」2015 年 12 月 28 日 http://www.gov.cn/zhengce/2015-12/28/content_5029899.htm
中華人民共和国中央人民政府「公安部開展厳厲打撃暴力恐怖活動専項行動」2014 年 5 月 25 日 http://www.gov.cn/xinwen/2014-05/25/content_2686705.htm
中華人民共和国中央人民政府「習近平在新疆調研」2009 年 6 月 21 日 http://www.gov.cn/jrzg/2009-06/21/content_1346563.htm
新華網「習近平在第二次中央新疆工作座談会上発表重要講話」2014 年 5 月 29 日 http://www.xinhuanet.com/photo/2014-05/29/c_126564529.htm
新華網「習近平発表重要演講 吁共建“絲綢之路経済帯”」2013 年 9 月 7 日 http://www.xinhuanet.com//politics/2013-09/07/c_117272280.htm

第６章

NHK「中国新世紀 第 5 回“多民族国家”の葛藤」2021 年 12 月 19 日放送 https://www.nhk.jp/p/special/ts/2NY2QQLPM3/blog/bl/pneAjJR3gn/bp/pOeqwYe98O/
熊倉潤「習近平政権下の国民統合：新疆、香港政策を中心に」『習近平政権が直面する諸課題』（日本国際問題研究所、2021：43-47）https://www.jiia.or.jp/pdf/research/R02_China/07-kumakura.pdf
熊倉潤「新疆、香港の人権をめぐる共同声明と中国」日本国際問題研究所、2021 年 8 月 23 日 https://www.jiia.or.jp/column/china-fy2021-01.html
ジェフリー・ケイン（濱野大道訳）『AI監獄 ウイグル』（新潮社、2022）
グルバハール・ハイティワジ、ロゼン・モルガ（岩澤雅利訳）『ウイグル大虐殺からの生還 再教育収容所地獄の 2 年間』（河出書房新社、2021）
星野昌裕「国際的な軋轢を深める中国のウイグル政策」『東亜』652, 2021：18-25
丸川知雄「新疆における『強制不妊手術』疑惑の真相」ニューズウィーク日本版、2021 年 6 月 24 日 https://www.newsweekjapan.jp/marukawa/2021/06/post-72_1.php
丸川知雄「新疆の綿花畑では本当に『強制労働』が行われているのか？」ニューズウィーク日本版、2021 年 4 月 12 日 https://www.newsweekjapan.jp/marukawa/2021/04/post-69.php
BBC News, “Inside China’s ‘thought transformation’ camps,” June 17, 2019.

社、1985）
哈日巴拉「新疆的政治力学与中共的民族政策」『二十一世紀評論』（2008年、第5期）
黄光学編『当代中国的民族工作』（北京：当代中国出版社、1993）
厲声『新疆対蘇（俄）貿易史（1600-1990）』（烏魯木斉：新疆人民出版社、1994）

第4章

アナトラ・グリジャナティ『中国の少数民族教育政策とその実態：新疆ウイグル自治区における双語教育』（三元社、2015）
中国研究所編『中国年鑑』（毎日新聞社のち明石書店、2008-2021）
馬戎（吾買爾江・艾山訳）「新疆カシュガル（喀什）地区およびコナシェヘル（疏附）県における労務輸出の実態」大西広編『中国の少数民族問題と経済格差』（京都大学学術出版会、2012：81-96）
星野昌裕「党国体制と民族問題：チベット・ウイグル問題を事例に」『党国体制の現在：変容する社会と中国共産党の適応』（慶應義塾大学出版会、2012）
World Uyghur Congress, “16 Years Without Answers: Ghulja Massacre Mourned by WUC,” February 6, 2013.https://www.uyghurcongress.org/en/16-years-without-answers-ghulja-massacre-mourned-by-wuc/
中華人民共和国国務院報道弁公室「新疆的発展与進歩」2009年9月21日http://www.scio.gov.cn/zfbps/ndhf/2009/Document/418337/418337.htm
中華人民共和国国務院新聞弁公室『新疆的歴史与発展』（北京：新星出版社、2003）

第5章

ムカイダイス『在日ウイグル人が明かすウイグル・ジェノサイド 東トルキスタンの真実』（ハート出版、2021）
ロイター「中国反恐：新疆近一個月打掉32個暴恐団伙、抓獲犯罪嫌疑人380余名」2014年6月23日https://jp.reuters.com/article/idCNL4S0P41QK20140623
Dan Levin「喀什老城改造、新怨旧恨難平」『紐約時報中文網』2014年3月7日https://cn.nytimes.com/china/20140307/c07kashgar/
“The Xinjiang Papers – Document No.2, Speeches by Comrades Xi Jinping, Li Keqiang and Yu Zhengsheng at the Second Central Xinjiang Work Forum (May 28-30, 2014),” in Adrian Zenz (ed.), *The Xinjiang Papers*, November 27, 2021. https://uyghurtribunal.com/wp-content/uploads/2021/11/Transcript-Document-02.pdf?fbclid=IwAR397qxnUoxVimJSvsq7OVA_4PlPyHbH-Y7fGxzl3EsnDDxS4p8d_MgwgFc
人大新聞網「新疆維吾爾自治区実施《中華人民共和国反恐怖主義法》弁法」2016年7月29日http://npc.people.com.cn/n1/2016/0801/c14576-

ル人の存在を抽出する試み」『アジア研究別冊4 中国文化大革命と国際社会：50年後の省察と展望：国際社会と中国文化大革命：フロンティアの中国文化大革命』（静岡大学人文社会科学部アジア研究センター、2016：199-230）
George Moseley, *A Sino-Soviet Cultural Frontier: The Ili Kazakh Autonomous Chou*（Cambridge, Mass.：Harvard University Press, 1966）.
『汪鋒伝』編委会『汪鋒伝』（北京：中央党史出版社、2011）
中共中央文献研究室編『周恩来年譜 1949-1976』（北京：中央文献出版社、1997）
中共中央文献研究室編『建国以来毛沢東文稿 第10冊』（北京：中央文献出版社、1996）
王希恩編『20世紀的中国民族問題』（北京：中国社会科学出版社、2012）
西西弗斯約翰編『資深獄吏：康生与「文革」（Ⅳ）』（台北：西西弗斯文化出版、2016）
李丹慧「対1962年新疆伊塔事件起因的歴史考察：来自中国新疆的檔案材料」李丹慧編『北京与莫斯科：従聯盟走向対抗』（桂林：広西師範大学、2002：480-509）
金炳鎬編『中国民族自治区的民族関係』（北京：中央民族大学出版社、2006）
情報局情報研究室・匪情年報編輯委員会編『匪情年報1968』（台北：国防部情報局、1968）
陳伍国『王恩茂伝』（北京：中国文史出版社、2015）
楊継縄『墓碑』（香港：天地図書、2018）
劉岩・李岳『中俄関係的大情小事（1949-2009）』（北京：世界知識出版社、2010）

第3章
岡本雅享『中国の少数民族教育と言語政策［増補改訂版］』（社会評論社、2008）
新免康「中華人民共和国期における新疆への漢族の移住とウイグル人の文化」塚田誠之編『民族の移動と文化の動態：中国周縁地域の歴史と現在』（風響社、2003：479-533）
高原明生、前田宏子『シリーズ中国近現代史5 開発主義の時代へ 1972-2014』（岩波新書、2014）
水谷尚子「新疆『バレン郷事件』考」『現代中国研究』40, 2018：62-80
楊海英『「知識青年」の1968年』（岩波書店、2018）
World Uyghur Congress, *Barin Inqilabining 15 yili*（Munchen：World Uyghur Congress, 2005）. https://www.uyghurcongress.org/uy/kitab/Barin-Inqilawining-15-yili.pdf
『民族政策文選』編輯組編『民族政策文選』（烏魯木斉：新疆人民出版

The Chinese University Press, 1999).
包爾漢『新疆五十年 包爾漢回憶録』(北京：中国文史出版社、1994)
賽福鼎・艾則孜『賽福鼎回憶録』(北京：華夏出版社、1993)

第１章

田中周「新疆ウイグル自治区における国家統合と民族区域自治政策——1950 年代前半の自治区成立過程から考える——」『早稲田政治公法研究』94, 2010：63-76
Ăkhmăt Igămbărdi, *Hayat mănzilliri*, Istanbul: Tăklimakan Uyghur Năshriyati, 2019.
Justin M. Jacobs, "The Many Deaths of a Kazak Unaligned: Osman Batur, Chinese Decolonization, and the Nationalization of a Nomad," *The American Historical Review,* 115(５), 2010: 1291-1314.
Justin M. Jacobs, *Xinjiang and the Modern Chinese State* (Seattle; London: University of Washington Press, 2016).
『王震伝』編写組『王震伝』(上、北京：当代中国出版社、1999)
『王震伝』編写組『王震伝』(北京：人民出版社、2008)
中共中央文献研究室編『鄧小平年譜 1904-1974』(中巻、北京：中央文献出版社、2004)
王永慶『歴史的回声：格爾夏回憶録』(五家渠：新疆生産建設兵団出版社、2008)
呂剣人『我的回憶』(西安：陝西人民出版社、1997)
李維漢『統一戦線問題与民族問題』(北京：人民出版社、1981)
沈志華主編『中蘇関係史綱』(北京：新華出版社、2007)
熊倉潤「新疆三区革命領導者在中共建政後的政治演変 (1949-2017)」『東亞研究』48(６), 2018：1-38

第２章

天児慧『中華人民共和国史新版』(岩波新書、2013)
石井明「1949 年以降の新疆とロシア・中央アジアの関係の変遷」『東京大学大学院総合文化研究科国際社会科学専攻紀要』56, 2006：19-30
石井明『中国国境 熱戦の跡を歩く』(岩波書店、2014)
久保亨『シリーズ中国近現代史 4 社会主義への挑戦』(岩波新書、2011)
熊倉潤「中ソ対立下の中国少数民族幹部政策——新疆ウイグル自治区の事例から (1966-1976 年)」『国際政治』197, 2019：58-73
オレーグ・ボリーソフ、ボリス・コロスコフ (滝沢一郎訳)『ソ連と中国：友好と敵対の関係史』(サイマル出版会、1979)
毛里和子「新疆の『地方民族主義』をめぐる問題」市古教授退官記念論叢編集委員会編『論集 近代中国研究』(山川出版社、1981：381-407)
楊海英「ウイグル人の中国文化大革命：既往研究と批判資料からウイグ

参考文献

中共新疆維吾爾自治区委員会組織部他編『中国共産党新疆維吾爾自治区組織史資料 第2巻』（烏魯木斉：新疆人民出版社、2011）

中華人民共和国国務院新聞弁公室「新疆各民族平等権利的保障」2021年7月14日http://www.gov.cn/zhengce/2021-07/14/content_5624800.htm

朱培民、王宝英『中国共産党治理新疆史』（北京：当代中国出版社、2015）

朱培民、陳宏、楊紅『中国共産党与新疆民族問題』（烏魯木斉：新疆人民出版社、2004）

馬大正『国家利益高于一切：新疆穏定問題的観察与思考』（烏魯木斉：新疆人民出版社、2003）

新疆生産建設兵団統計局、国家統計局兵団調査総隊編『新疆生産建設兵団統計年鑑』（北京：中国統計出版社、1991-2020）

新疆維吾爾自治区地方志編纂委員会編『新疆年鑑』（烏魯木斉：新疆人民出版社のち新疆年鑑社、1991-2019）

新疆維吾爾自治区地方志編纂委員会編『新疆通志・共産党志』（烏魯木斉：新疆人民出版社、2001）

新疆維吾爾自治区統計局編『新疆統計年鑑』（北京：中国統計出版社、1989-2020）

厲声編『中国新疆：歴史与現状』（烏魯木斉：新疆人民出版社、2006）

序 章

アブドゥレヒム・オトキュル（東綾子訳）『英雄たちの涙：目醒めよ、ウイグル』（まどか出版、2009）

王柯『東トルキスタン共和国研究：中国のイスラムと民族問題』（東京大学出版会、1995）

小沼孝博『清と中央アジア草原：遊牧民の世界から帝国の辺境へ』（東京大学出版会、2014）

小松久男編『中央ユーラシア史』（山川出版社、2000）

佐口透『新疆ムスリム研究』（吉川弘文館、1995）

寺山恭輔『スターリンと新疆：1931-1949年』（社会評論社、2015）

トルグン・アルマス（東綾子訳）『ウイグル人』（集広舎、2019）

David Brophy, *Uyghur Nation: Reform and Revolution on the Russia-China Frontier*（Cambridge, Mass. ; London, England: Harvard University Press, 2016）.

Andrew D. W. Forbes, *Warlords and Muslims in Chinese Central Asia: A Political History of Republican Sinkiang 1911-1949*（Cambridge; N. Y. : Cambridge University Press, 1986）.

Peter C. Perdue, *China Marches West: The Qing Conquest of Central Eurasia*（Cambridge, Mass.: Belknap Press of Harvard University Press, 2005）.

David D. Wang, *Under the Soviet Shadow: The Yining Incident, Ethnic Conflicts and International Rivalry in Xinjiang 1944-1949*（Hong Kong:

参考文献

ニュース記事は本文で引用した重要なもののみを掲載し、基本的に割愛した。
複数章で引用の場合は初出の章に掲載した。
邦訳がある場合は、読者の便宜のため原書でなく邦訳を掲載したものもある。
中国語文献は著者・編者の漢字の画数順に掲載した。

全体に関係する参考文献

王力雄（馬場裕之訳）『私の西域、君の東トルキスタン』（集広舎、2011）
王柯『多民族国家 中国』（岩波新書、2005）
加々美光行『中国の民族問題：危機の本質』（岩波書店、2008）
熊倉潤『民族自決と民族団結』（東京大学出版会、2020）
小松久男、梅村坦、宇山智彦、帯谷知可、堀川徹編『中央ユーラシアを知る事典』（平凡社、2005）
サイラグル・サウトバイ、アレクサンドラ・カヴェーリウス（秋山勝訳）『重要証人：ウイグルの強制収容所を逃れて』（草思社、2021）
新免康「新疆ウイグルと中国政治」『アジア研究』49（1）, 2003：37-54
水谷尚子『中国を追われたウイグル人：亡命者が語る政治弾圧』（文春新書、2007）
毛里和子『周縁からの中国：民族問題と国家』（東京大学出版会、1998）
ラビア・カーディル、アレクサンドラ・カヴェーリウス（熊河浩訳）『ウイグルの母ラビア・カーディル自伝：中国に一番憎まれている女性』（ランダムハウス講談社、2009）
Adeeb Khalid, *Central Asia: A New History from the Imperial Conquests to the Present* (Princeton; Oxford: Princeton University Press, 2021).
Donald H. McMillen, *Chinese Communist Power and Policy in Xinjiang, 1949-1977* (Boulder, Colo. : Westview Press, 1979).
James A. Millward, *Eurasian Crossroads, A History of Xinjiang* (London: Hurst & Company, 2021).
S. Frederick Starr (ed.), *Xinjiang: China's Muslim Borderland* (Armonk, N. Y.: M. E. Sharpe, 2004).
中共中央文献研究室他編『新疆工作文献選編（1949-2010）』（北京：中央文献出版社、2010）
中共中央組織部編『中国共産党党内統計資料匯編（1921-2010）』（北京：党建読物出版社、2011）
中共新疆維吾爾自治区委員会組織部他編『中国共産党新疆維吾爾自治区組織史資料』（北京：中共党史出版社、1996）

関連年表

2015	12月	反テロリズム法制定
2016	7月	自治区反テロリズム法実施弁法制定
	8月	自治区党委員会書記、張春賢から陳全国に交代
	10月	「民族団結ひとつの家」活動動員大会、親戚制度を促進
2017	2月	陳全国、反分離闘争の紀律に違反した「両面人」の処分を指示
	3月	自治区脱過激化条例制定
	5月	新疆大学元学長、自治区教育庁幹部らが続々と拘束、失脚
	6月	新疆南部の1万5683人が「教育訓練」に分類（中国電報）
2018	4月	サイラグル・サウトバイ、カザフスタンに脱出
	9月	ヒューマン・ライツ・ウォッチ「イデオロギー的なウイルスの根絶」
	11月	国務院、「新疆の文化保護と発展」白書
2019	6月	BBC、「職業技能教育訓練センター」内部の様子を報道
	11月	流出した内部文書の報道相次ぐ
	12月	アメリカ下院、2019年ウイグル人権法案を可決
2020	3月	オーストラリア戦略政策研究所「売りに出されたウイグル人」
	6月	アメリカでウイグル人権法成立。ゼンツ「不妊、子宮内避妊用具（IUD）、強制的産児制限」
	9月	国務院、「新疆の労働就業保障」白書
	12月	ゼンツ「新疆における強制労働」
2021	1月	ポンペオ国務長官、中国が「ジェノサイド」を犯したと声明
	2月	カナダ下院、中国の弾圧は「ジェノサイド」との動議可決
	3月	新疆の綿花を調達しないと声明したH&M、中国で不買運動に遭う
	4月	イギリス下院、中国の弾圧は「ジェノサイド」との動議可決
	6月	駐日中国大使館にて、「美しい新疆」オンライン交流会開催
	12月	自治区党委員会書記、陳全国から馬興瑞に交代
2022	2月	日本衆議院、中国の人権状況を懸念する決議を採択

ち出す
12月　江沢民、全国宗教工作会議にて「宗教問題を論ず」を発表
2002 1月　国務院、「『東トルキスタン』テロ勢力の免れ難い罪責」を発出
8月　「東トルキスタン・イスラーム運動」がアメリカの「テロ組織」のリストに加えられる
11月　胡錦濤、総書記就任
2003 5月　国務院、「新疆の歴史と発展」白書
2004 3月　自治区、二言語教育工作の大幅な推進に関する決定
12月　「西気東輸」パイプライン、上海に天然ガスを輸送開始
2005 3月　ラビア・カーディル、アメリカに移送される
2006 この頃から新疆南部の労働者の職業訓練、内地への労働力の移転が増加
2007 9月　国務院、新疆の経済社会の発展をいっそう促進させることを指示
2009 6月　習近平（当時国家副主席）の新疆視察。広東省韶関市郊外の工場でウイグル人労働者への襲撃事件発生
7月　ウルムチ騒乱（7・5事件）
9月　国務院、「新疆の発展と進歩」白書
2010 3月　全国新疆「対口支援」工作会議、開催
4月　自治区党委員会書記、王楽泉から張春賢に交代
5月　第1回中央新疆工作座談会、胡錦濤の重要講話
2011 9月　カシュガル、ホルゴスの経済開発区の設置決定
2012 11月　習近平、総書記就任
2013 9月　習近平、カザフスタン訪問時に「シルクロード経済ベルト」を提唱
10月　天安門車両突入事件
2014 3月　昆明駅無差別殺傷事件
4月　習近平、新疆を視察し、「テロリスト」を厳しく叩き圧倒する「厳打高圧」の姿勢をとることの必要性を説く。ウルムチ南駅爆発事件
5月　公安部、「新疆を主戦場とし暴力テロ活動を厳しく叩く特別行動」を発表。第2回中央新疆工作座談会、習近平の重要講話
7月　中国イスラーム協会副会長ジュメ・タヒル暗殺事件
2015 5月　自治区、1年間に合計181の「テロ組織」を撲滅したと発表
9月　アクス炭鉱襲撃事件

1981	10月　王恩茂、自治区党委員会第一書記に返り咲き
1984	5月　民族区域自治法、全人代を通過
1985	10月　王恩茂、第一書記から退任し、後任に若手の宋漢良が抜擢される
	12月　ウルムチで学生らによる抗議行動（ウルムチ12・12事件）
1988	1月　国務院、「新疆開放工作の討論の紀要」
	3月　国務院、新疆を綿花と甜菜の国家重点開発区とすると決定
	7月　自治区党委員会、新疆南部の貧困脱却およびその支援を決定
1989	5月　イスラームを侮辱する本への反対運動（5・19事件）
	6月　6・4天安門事件。江沢民、総書記就任
1990	4月　バレン郷事件
	8月　江沢民の新疆視察
1991	8月　王震、王恩茂らを従えて新疆を視察
1992	1月　中国、旧ソ連中央アジア5カ国すべてと国交樹立
	9月　ウルムチにて辺境地方経済貿易商談会（博覧会）開催
1994	8月　国務院、ウルムチ経済技術開発区の設置を承認
	9月　宋漢良の自治区党委員会書記退任により、王楽泉が代理書記につく
1995	12月　王楽泉、自治区党委員会書記に正式就任
1996	5月　カシュガル大モスクのイマーム、ハルンハン・ハジの暗殺未遂事件
	8月　グルジャにて大規模デモ発生
1997	2月　グルジャにてデモの鎮圧過程で多数の犠牲者が出る（グルジャ事件、伊寧2・5事件）。ウルムチにてバス爆破事件
	3月　北京でもバス爆破事件発生
1998	2月　東京大学博士課程の留学生トフティ・テュニヤズの逮捕
	7月　江沢民の新疆視察
1999	8月　ラビア・カーディルの逮捕
	9月　国務院、少数民族地区の人材養成工作のさらなる強化に関する意見
	12月　トルファンからカシュガルに至る南疆鉄道、全線開通
2000	中央新疆工作協調小組（羅幹組長）が北京に設置される
	3月　西部大開発、全人代で承認、第10次5カ年計画の柱に
2001	6月　上海協力機構発足
	9月　アメリカにて9・11事件発生
	10月　米中首脳会談、テロ根絶に向けた共闘を強化する方針を打

1958	4月　自治区政府の文化庁長らを「反党集団」として党除名処分
1959	8月　反右傾闘争
1960	夏　旱魃が発生、「抗旱闘争」の呼びかけ
	年末　農業生産が「特大の天災」に見舞われた旨、発表される
1962	春　国境近くの住民がソ連領に逃亡する事案が増加
	5月　グルジャにて暴動が発生（5・29反革命暴乱）
1963	9月　毛沢東、新疆の人民生活改善を指示
1964	10月　ロプノールにて中国初となる核実験
1966	プロレタリア文化大革命の波及
	9月　大学生ら、自治区党委員会の建物を一時占拠（9・3事件）
1967	1月　造反派による自治区指導部の奪権。「石河子事件」における保守派巻き返し
1968	7月　中央指導者が新疆の両派と接見し、造反派幹部を叱責
	9月　自治区革命委員会（龍書金主任）が成立
1969	1月　王恩茂が失脚し、北京に移送される
	新疆の中ソ国境で紛争が頻発する（テレクチ事件など）
1971	党組織の再建がすすみ、自治区党委員会が再組織される
1972	1月　新疆工作座談会が開催され、龍書金が批判される（後に失脚）
	10月　文字改革委員会が復活、「新文字」の普及呼びかけ
1973	6月　セイフディン、自治区党委員会第一書記に就任
1974	批林批孔運動の波及
1976	鄧小平批判の波及
	9月　毛沢東の死。翌月、「四人組」が失脚し、「四人組」批判が新疆にも波及
1977	12月　セイフディン、第一書記から解任され、後任に汪鋒がつく
1980	1月　アクスで下放青年によるデモが発生、解放軍が鎮圧（アクス事件）
	4月　同じくアクスで現地ムスリムによるデモ（アクス4・9事件）
	8月　民族政策の改善の機運が高まるなか、「三級幹部会議」が開催
1981	1月　カシュガル地区カルギリク県で暴動
	5月　カシュガル地区ペイズィワト県で蜂起発生
	8月　鄧小平の新疆視察

1933	省政府主席金樹仁が政権の座を追われ、盛世才が実権掌握 カシュガルに東トルキスタン・イスラーム共和国が成立（翌年崩壊）
1940	アルタイ地区でカザフ人による蜂起発生
1941	独ソ戦でソ連が不利になり、盛世才は蔣介石政権に接近
1942	中共党員毛沢民ら、逮捕される
1944	グルジャにて東トルキスタン共和国の建国が宣言される
1945	東トルキスタン共和国の民族軍、ソ連の意向で進軍停止を余儀なくされる
1946	東トルキスタン共和国、解散を決議
1947	新疆省連合政府、瓦解
1949	8月　中共の招待に応じ北京に向かった旧東トルキスタン共和国首脳ら、飛行機事故で消息不明に 9月　新疆省政府、中共に帰順 11月　人民解放軍が新疆に進駐し、王震がウルムチに到着 12月　新疆省人民政府成立。ブルハン、セイフディンら共産党に入党
1950	3月　新疆の地下資源に対するソ連権益が中ソ協定により承認される
1951	3月　通称「五一人の幹部の座談会」開催 4月　カザフ人の反乱指導者オスマン・バートゥル、処刑される
1952	5月　新疆土地改革工作に関する指示。翌年にかけて土地改革が進展 6月　中共中央新疆分局常務委員会議にて習仲勲が王震を批判、王震は同分局第一書記を解任される 7月　新疆省第二期党代表会議開催、遊牧地区に対する政策の穏健化 8月　民族区域自治実施要綱を制定
1953	自治郷など基層での自治単位の設置が始まる
1954	自治県、自治州の設置が進展 10月　新疆生産建設兵団が成立
1955	10月　新疆ウイグル自治区（セイフディン主席）が誕生 商工業の社会主義的改造、農業の集団化が急速に進行
1957	反右派闘争の波及 12月　自治区党委員会拡大会議が開幕、地方民族主義への批判が高まる

関連年表

西暦	出来事
前2千年紀	遅くともこの頃にはコーカソイド系の人々がタリム盆地周辺に到来
前139	漢の武帝、張騫を西域に派遣
前60	前漢がタリム盆地周辺に勢力を伸ばし、西域都護府を設置
1世紀前半	前漢の衰退に伴い、匈奴がタリム盆地周辺に進出
1世紀末	後漢、再び勢力を伸ばし、西域都護府を再設置
2世紀	後漢の勢力が後退し、草原の勢力が進出
640	唐がタリム盆地周辺に勢力を伸ばし、安西都護府を設置
8世紀	唐の勢力が後退し、ウイグルと吐蕃が進出
744	モンゴル高原にウイグル可汗国が成立
840	ウイグル可汗国が崩壊、ウイグルはモンゴル高原の支配を失い西遷
9世紀後半	タリム盆地東部に天山ウイグル王国（西ウイグル王国）が成立、タリム盆地周辺のテュルク化が進展
10世紀中葉	カラハン朝がイスラームを受容
13世紀	モンゴル帝国が進出し、東西トルキスタンもその支配下に入る
14世紀	モグール（モンゴルのペルシア語転化）勢力のイスラーム改宗が進む
1513	仏教勢力がクムルから駆逐され、東トルキスタンのイスラーム化が完了
17世紀	天山北麓の草原地帯にジューンガルが台頭し、一大遊牧帝国を築く
1759	清の乾隆帝、タリム盆地全域を掌握
1826	ホージャの一族がカシュガルを一時占領
1864	西北ムスリム大反乱が新疆全土に拡大
1870	ヤクブ・ベグの政権が天山以南のほぼ全域を支配下に置く
1877	清軍、ヤクブ・ベグの軍を撃破
1881	露清間でイリ条約締結、イリ地方が清に返還される
1884	省制の施行に伴い、新疆省設置
1911	辛亥革命に伴い、新疆でも反乱が発生するが、楊増新が体制を維持する
1922	新疆の西隣にソ連が成立、民族概念の形成が進む
1928	楊増新殺害により新疆は一時混乱状態に陥る

熊倉 潤（くまくら・じゅん）

1986年，茨城県生まれ．2009年，東京大学文学部・歴史文化学科（東洋史）卒業．2011年，東京大学大学院法学政治学研究科（旧ソ連政治史）修士課程修了．同研究科（国際政治）博士課程在学中の2012年から2016年にかけて，イェール大学，ロシア人文大学，北京大学に留学．2016年，同博士課程修了．日本学術振興会海外特別研究員・政治大学（台湾）客座助研究員，アジア経済研究所研究員を経て，2021年から法政大学法学部国際政治学科准教授．

著書『民族自決と民族団結：ソ連と中国の民族エリート』（東京大学出版会，2020年）

新疆《しんきょう》ウイグル自治《じち》区《く》

中公新書 *2700*

2022年6月25日発行

著 者 熊 倉 潤

発行者 松 田 陽 三

本文印刷 暁 印 刷

カバー印刷 大熊整美堂

製 本 小 泉 製 本

発行所 中央公論新社

〒100-8152

東京都千代田区大手町1-7-1

電話 販売 03-5299-1730

編集 03-5299-1830

URL https://www.chuko.co.jp/

Published by CHUOKORON-SHINSHA, INC.

Printed in Japan ISBN978-4-12-102700-9 C1222

中公新書

現代史

f3

- 2590 人類と病　詫摩佳代
- 2664 歴史修正主義　武井彩佳
- 2451 トラクターの世界史　藤原辰史
- 2666 ドイツ・ナショナリズム　今野　元
- 2368 第一次世界大戦史　飯倉　章
- 2681 リヒトホーフェン―撃墜王とその一族　森　貴史
- 27 ワイマル共和国　林　健太郎
- 478 アドルフ・ヒトラー　村瀬興雄
- 2553 ヒトラーの時代　池内　紀
- 2272 ヒトラー演説　高田博行
- 1943 ホロコースト　芝　健介
- 2349 ヒトラーに抵抗した人々　對馬達雄
- 2610 ヒトラーの脱走兵　對馬達雄
- 2448 闘う文豪とナチス・ドイツ　池内　紀
- 2329 ナチスの戦争 1918-1949　R・ベッセル　大山　晶訳

- 2313 ニュルンベルク裁判　A・ヴァインケ　板橋拓己訳
- 2266 アデナウアー　板橋拓己
- 2615 物語 東ドイツの歴史　河合信晴
- 2274 スターリン　横手慎二
- 530 チャーチル（増補版）　河合秀和
- 2643 イギリス1960年代　小関　隆
- 2578 エリザベス女王　君塚直隆
- 1415 フランス現代史　渡邊啓貴
- 2356 イタリア現代史　伊藤　武
- 2221 バチカン近現代史　松本佐保
- 2415 トルコ現代史　今井宏平
- 2670 サウジアラビア―「イスラーム世界の盟主」の正体　高尾賢一郎
- 2538 アジア近現代史　岩崎育夫
- 2586 東アジアの論理　岡本隆司
- 2437 中国ナショナリズム　小野寺史郎
- 2600 孫基禎《ソン・ギジョン》―帝国日本の朝鮮人メダリスト　金　誠
- 2034 感染症の中国史　飯島　渉

- 1959 韓国現代史　木村　幹
- 2602 韓国社会の現在　春木育美
- 2682 韓国愛憎　木村　幹
- 2596 インドネシア大虐殺　倉沢愛子
- 1596 ベトナム戦争　松岡　完
- 2330 チェ・ゲバラ　伊高浩昭
- 1664 1665 アメリカの20世紀（上下）　有賀夏紀
- 2626 フランクリン・ローズヴェルト　佐藤千登勢
- 2527 大統領とハリウッド　村田晃嗣
- 2479 スポーツ国家アメリカ　鈴木　透
- 2540 食の実験場アメリカ　鈴木　透
- 2504 アメリカとヨーロッパ　渡邊啓貴
- 2163 人種とスポーツ　川島浩平
- 2700 新疆ウイグル自治区　熊倉　潤